話す前に勝負を決める!

マッキンゼー式

人を動かす
Communication for Action
話し方

ブレークスルーパートナーズ
赤羽雄二
Yuji Akaba

CROSSMEDIA PUBLISHING

［はじめに］

物事が進まないのは、あなたの話し方が悪いから

皆さん、このような経験はありませんか？

・相手が突然不機嫌になり「悪意がある」ように思われた。
・疲れて不機嫌なとき、話し方や接し方が少し雑になり、関係が悪くなった。
・当然、合意してもらえると思っていたのに、冷たく断られた。
・相手が「やる」と言ったのに、全く行動してくれなかった。

これらは単にタイミングが悪かった、相手に問題があったということかも知れま

せん。ただ実は、**相手以上にこちらの話し方や接し方、話の展開の仕方に問題点があること**が少なくないように思います。

失礼のないように、気をつかいながら話していたのに、不快感を与えていたら損ですよね。私たちのストレスの大半はこういったことから生まれます。このストレスが、仕事やプライベートに大きな影響を与えます。

そのような状態では、何事もうまく進むはずがありません。

こういった話し方の悪い癖を何とか直そうとしているけれど、なかなか改善されないという方も多いのではないでしょうか。**話し方は、意外に努力しづらいのだろうと思います。**大事だとわかっていても、夢中になったり、忙しかったり、不機嫌なときは、どうしても忘れてしまいます。一番大事な瞬間に意識が飛んで、失敗してしまうのです。もう気づいたときには後の祭りですし、多くの場合、ミスにすら気づいていないことも多いのではないでしょうか。

かくいう私も、話すときは相手に不快感を与えていないか、いつも気にしています。ちょっと対応に失敗して、「あ、まずいかも」「言い方が悪かったかな」と感じたのに問題にならなかったら、ほっと胸をなで下ろしたりします。それでも「何か言ってはいけないことを、言ってしまわなかっただろうか」「言い方が強すぎたのではないだろうか」「やっぱり、ああいう言い方はしないほうがよかったなあ」といつも気になります。

なかなか改善しづらい話し方ですが、実は、**違った角度からアプローチすれば、少しの工夫で確実に成果が出ます。**話し方というより、話す前にどういう準備をしておくか、話すときにはどうアプローチするか、話し終わったあとどうフォローするか。話し方そのものと同じくらい、話の前後が大切なのです。

そして、**人を動かすには、相手の心に響くように話さなければいけません。**共感がない状態で、無理に物事を動かそうとしても、なかなかうまくいきません。

物事が進まない人に共通する話し方とは？

こちらにそういうつもりがないのに「あの人の話はいつも心に響かない」と思われていたら、仕事でもプライベートでも残念ですよね。悪気が全くないのに心に響かず、物事が進まない人には、いくつか共通点があります。

最も多いのは、「実は本気で伝えたいと思っていない」というパターンです。本気で伝えたいと思っていなければ、表面上、どういう言葉を使っても、またジェスチャーを工夫しても、相手の心には響きません。かえって、話し方のテクニックに走りすぎてしまい、ウソくさくなります。話し方の本が役に立たなかったり、むしろマイナスになったりすることもあるのは、これが理由です。

伝えようと思っているのに、「実は本気で伝えたいと思っていない」なんてありえない、と思われるかもしれません。でも、そうでもありません。仕事柄、アイデアや事業について説明を受けたり、第三者への説明の仕方を相談される機会が頻繁にありますが、突っ込んで聞いてみると中途半端だったり、いい加減だったりして「自分では真剣なつもり」であるケースは少なくありません。

2番目に多いのは、相手の立場・状況にあまり関心がないときです。本人は「関心があるつもり」ですが、本当は相手への関心がなく、状況を理解しようとも思っていないようです。何となくその場の空気で話している、というのが伝わってしまうのです。

こうした人は、相手を軽く見ていることが明らかで、むしろ悪い印象を与えます。さらに悪いことに、こういう方は、自分が人に失礼な態度をとっていることに気づきません。他人はあまり注意してくれませんし、自分では当然ながら気づかないからです。

3番目に多いのは、相手のことも考えて本気で話しているのに、別の理由でイライラしていたり、仕事が忙しくて心の余裕が全くないときです。そのような状態で話しても相手の心に響きません。集中していないので、話に脈絡がなくなり、心ここにあらずということが相手に伝わってしまいます。友人であってもこういう場合は話を聞き続けるのが辛く、何かしてあげようという気にはならないと思います。

4番目としては、話の内容や態度は悪くないのに、声が小さくて元気がないように見えたり、清潔感がなくて相手を不快にさせたりした場合も、心に響く話はあまりできません。人としての魅力、という点でも損をしてしまいますので、もったいないです。これを「自分の勝手だろう」「自分の好きにしたい」と思うのは、あまり得策ではありません。

話し方の改善・強化で、人生が劇的に変わる

この4つのポイントに心当たりがある方でも、話し方・物事の進め方を見直すと、「自分がやりたい」と思っていたことが次々と実現できるようになります。人のせいにすることなく、また自分を責めることなく、その場その場で一番いいやり方ができるので、無駄なく、後悔することもなく、努力しただけ結果を生み、人生が劇的に変わっていきます。

これまで、「人生は思うようにいかない、いくはずがない」とあきらめていた方も少なくないと思います。ただ、それは多分に、「そう思い込んでいた」「自身でそのように決めていた」「自分でそのように誘導していた」とも言えるのではないでし

ょうか。どうせうまくいかないと決めつけ、予言して自分で当ててしまっていた、だけかもしれません。

話し方が変われば、目の前がずっと明るくなります。苦手だった人との話にも苦労しなくなるでしょう。楽しいおしゃべりはできても、物事を進めようとすると途端に苦労していた多くの方の悩みも、すっと消えていきます。

単に一度うまくいかなくても、次にいけばいいだけです。そういう姿勢でいると遅かれ早かれ結果が出始め、うまく回り始めていきます。また、物事を進めていても、ケンカにならず、相手を嫌な気持ちにさせず、自分も我慢せず、お互いにとってよい結果を出すことができます。誰も言い争いをしようと思ってするわけではなく、何でも反対しようと思っているわけでもありません。

心の持ちようひとつで、物事がうまく進むのならやらない手はないですよね。今までこのちょっとしたノウハウが知られていなかったために、無用なぶつかり合いがありました。うまくいくはずのものもいかず、少しだけ方向修正すれば問題ないのにそれもできず、物事が進みませんでした。

それも今はもう昔。これからは、はるかに建設的に物事を進められるようになると思います。

本書では、私がマッキンゼーや多くの企業支援の場で培ってきた話し方のノウハウを「仕込み・仕切り・仕上げ」という形でお話ししていきます。まず第1章で、すべての場面に共通する話し方の原則についてお伝えします。

これらの話し方を身につければ、話をして楽しくなります。相手も楽しくなれば、仕事もプライベートも充実していきます。そこから、きっと新しい世界が広がっていくでしょう。

マッキンゼー式 人を動かす話し方 目次

［はじめに］

第1章 最速で人を動かす話し方とは

第2章 「仕込み」話す前に勝負は決まっている

第3章 「仕切り」共感で、相手を動かす

第4章 「仕上げ」すべての手段を使ってフォローする

第5章 自分の考えがあるから、心に響く

第 1 章

最速で人を動かす話し方とは

chapter 1

Effective Communication for Action

人はどういうときに動くのか

「最速で人を動かす」といっても、決してやみくもに説得し、一方的に指示することではありません。

こちらの考え、気持ちを伝え、共感してもらうことが出発点です。共感がなければ無理強《じ》いになり、決してうまくいきません。無理に動かそうとしても頓挫します。人は決して一方的に何かをすることはできないのです。

もちろん、ただ話せばいいというものでもありません。「結果を出す話し方」と「結果につながらない話し方」があります。その差を意識し、工夫すればするほどよい結果を生みます。自分の期待している方向に物事を動かし成果を挙げていくためには、少し違う話し方、準備の仕方がある、ということです。

相手には相手の事情や価値観があり、できること、できないことがあります。ただ、それが100%明確に決まっているわけではありません。状況によって当然変わります。また、ある程度は柔軟性があるので、こちらの接し方次第では、だめなものがよくなったり、よかったものが拒否されたりもあるわけです。一方的に、「困っているので、ぜひお願いします」「今回は何とか通してください」といった、雑な言い方はできません。言うのは簡単ですが相手は納得しないし、それまで信頼関係があったとしても傷がつきます。ひどい場合は、その後、敬遠されるかも知れません。

あくまで丁寧に、相手の事情と気持ちを推しはかった上で、話を進めていきます。押してだめなら引いてみることも必要です。

「こんなにいいアイデアなのに、なぜ同意してくれないのか」と思いたくなっても、それはこちらの勝手な思い込みであり、相手にとってはえらい迷惑かもしれません。

そういう自分本位の姿勢は、コミュニケーションとしての出発点が間違っています。話すときには相手の状況をできるだけ理解し、それに合わせて話し方を工夫する必要があるのです。

心に響くように話す

心に響く話し方をするには、自分の考えをしっかり持った上で、きちんと説明することが大切です。きちんと説明するには、どういう場合も理由を3つ言うこと、大きめの声で伸びやかに話すこと、語尾をあいまいにせずに言い切ることなどが必要です。

理由は必ず3つ言う

「きちんと説明する」上で一番大切な点は、理由がはっきりしていることです。「なるほど、そうなのですね」と、すぐに理解し納得できることです。そのため、思いつきや好き嫌いだけで何がいいというのではなく、納得できる理由、自分が推している理由を常に3つ考え、言えるようにしておくことが大切です。
理由を3つ言われると、ほとんどの人は「なるほど、そうなのか」「確かにそうかも知れない」と感じます。「そこまでしっかりとした理由があるなら、きっと正しいに違いない」と思えるからです。一方、理由が1つだけだと「う～ん、そうなのかな？」「そうじゃないかも知れないな」などと、考えが浅く、よく考えた結果ではないように思われてしまいます。

私がコマツのエンジニアからマッキンゼーに転職したとき、「どんなときでも理由を3つ言え」と何度も言われました。何で3つなんだと思い、正直言うと少し反発しましたが、実際はうまく言えなかっただけかもしれません。あとになってわかったのですが、この考え方は世界中どこでも同じです。理由を3つ言うことで考えが深くなるし、説得力が格段に増すからです。

英語では、いつも〝I believe there are three reasons. First-, Secondly-, Third-〟といいます。「3つ理由があります。第一に、第二に、第三に」です。こうすれば**説得力が増すだけではなく、自然に深く考えるようになるので一挙両得です。**実際、理由を3つ言えないときは、深く考えていないか、もしくは検討不足である可能性が高いです。

事前に考えておけるときは理由を3つ言えますが、会議で突然発言しなければならなかったり、話している際に突然突っ込まれたりした場合は、ちょっとした工夫が必要です。

まず、1つ目の理由を考えます。これは多分できると思います。こうしようと思うときは何かの理由があるからです。それを即座に書き留めて、その場で2つ目の理由を必死で考えます。考えついたら、すぐに書き留めておいて、1点目から話し始めます。そうしないと話し出すきっかけを失ったり、間が抜けたりが多いからです。話し始めながら、3つ目を考えれば何とか間に合います。

マッキンゼーでのミーティングでは、誰かが「理由が3つあります」と言い出すと、3つ最後まで言うかどうかを数えていて、2つで終わると茶化したりもしていました。クライアントの組織を動かしてなんぼ、という意識・行動改革のプロの集団ですが、そういうところでも切磋琢磨し続けているのです。

大きめの声で、伸びやかに話す

大きめの声で、伸びやかに話すことも大切です。「声は人それぞれだからどうでもいいではないか」「内容がポイントなのでは」というふうに思う方もおられるでしょうが、そうでもありません。

聞く立場になった瞬間にわかります。心への響き方が全く違います。その理由は、自信が声に出るからです。私も、重要なミーティングではこの点を特に意識し、いつもより大きな声で話します。

私はクライアントに提案したり、セミナーで講演したりする機会がかなりあるのですが、実は大きく通る声を出すのがあまり得意ではありませんでした。ただこの数年、相手に伝えようという思いから特に意識して声を出しているうちに、しっかりとした声になってきました。

声の大きさというより、伝えたい、届けたいという気持ちがこもっていて声に張

りが出ているのかも知れません。こんなに大切なことなのだから、何としてもわかってほしい、という心の底から「伝えたい」気持ちが表れます。

そう言われても、自分の気持ちはそこまで強くないし、十分ではないと思う方は、いったん原点に戻って、今自分は何をしたいのかを考えてみたり、A4メモ書き（付録❶参照）をしてみたりするとよいと思います。

一方、気持ちがあっても、緊張しすぎていると、声が出ず、自信のない声になってしまいます。それは大変もったいないので、「このミーティングがどうなろうと、死ぬわけではない」「だめならまたやればいい」と居直ってみてください。あまり気にならなくなります。必ず大きく通る声が出て、うまく進むようになります。

語尾をあいまいにせず言い切る

心に響く話し方をする上では、語尾をあいまいにせず言い切ることが大切です。

明確に言い切るとメリハリが生まれ、好印象を与えます。本人の癖なのか、語尾をあいまいにして言い切らない人がいますが、だらだらしますし、結論もわからないので、心に響く以前の問題です。本人が無意識としたら、大変もったいないです。「端的に言い切ると失礼に当たる」とか、「言い切るのがこわい」と考えているかも知れませんが、マイナス面のほうが大きいです。端的に言い切ることで失礼に当たることはありません。

もちろん、上から目線やぞんざいな口調で言い切ることは、避けましょう。語尾をあいまいにせず言い切ることは、実はそれほどむずかしくありません。少しの努力で顕著にうまくできるようになります。誰でもできることですので、思い切ってやってみてください。

信頼されるために、まずは聞く

一方的に話すのではなく、まず相手の悩みや要望をしっかり聞くことが大切です。聞かずに話してしまうと、相手は聞く姿勢になっていません。しかも、きちんと理解せずに話すので、間違ったことを言ってしまいがちです。

例えば、「残業自体は構わないけれど、突然依頼されるのが困る」と思っている相手に対し、思い込みで残業を減らす案について話し始めてしまう、といったことですね。

突然話さなければならないこともありますが、それでも、最初は何とかこちらから丁寧に質問して、少しでも相手の気持ち、ニーズを把握してから話し始めるようにします。そのほうが誠実ですし、聞く姿勢（＝相手を受け入れる姿勢）が伝わり、うまくいきます。そもそも人は、「自分が信頼する人」の話を聞きたくなります。

信頼しているから、尊敬しているから、自分のことを思ってくれているのがわかる

から、その人の話を聞きたくなります。もちろん、困ったときには相談もしたくなります。これは、年齢、性別、国籍、職業などを問わず、人として、ごく自然な気持ちだと思います。

ところが、まだ信頼されていないのに一方的に話したがる人によく出会います。「信頼しているから話を聞きたい、相談したい」のであって、「信頼していない人の話を特に聞きたいとは思わない」にもかかわらずです。

とにかく話したがるのは、なぜでしょうか。信頼される前に話すことがどのくらい無駄かといえば、ドアには鍵がかかっているのに、力ずくでドアを開けようとするようなものです。

「鍵がかかっているのに、無理やり開けようとする」と、信頼を失います。最悪、「無神経な人」「人の家に土足で上がりこんでくる人」という印象を持たれてしまうかもしれません。こういう人は、信頼されていない時点で問題があります。しかも、信頼を失った自分のふるまいを改善しようとはしません。自分が悪いと考えてもみないからです。

それがわからないと、「相手の頭が悪い、固い」「話がわからないやつだ」「もっと強く言ったらわかるだろう」とまくし立てがちです。もちろん、相手はさらに聞く気をなくしてしまいます。こういう状況では、何を言っても無駄です。

自分のことではないと思った方も多いかも知れません。ただ、**普段は比較的穏やかな人も、部下に対してはこのように話していることが多いように思います。**部下を指導しよう、育てようとして、上司はあれこれ言いがちだからです。

ところが、信頼されていなければ、一方通行になります。部下の心には全く響かないどころか、パワハラと言われてしまうこともあります。真面目な上司ほど、このワナにかかりやすいので気をつけたほうがいいでしょう。

素晴らしい結果を何度も出して部下に信頼されている上司なら、何も問題はありません。そうでない場合、もしくは新任の場合、部下を指導しよう、育てようという意識ではなく、まずは信頼されることを心がけるといいと思います。

「いや、信頼されることがむずかしい」と言われる上司が多いのですが、そんなことは全くありません。上司の威厳を見せようとしてかっこつけるから失敗するのです。やっていることが間違っていて、部下はそういう態度を即座に見破ります。

それに対して、部下の話をしっかりと聞きさえすれば、若くても経験が少なくても、すぐに信頼されます。「今度の上司はまだ若いけれど、人として立派だ」とすら言ってくれるかもしれません。

幸いというか、実は不幸なことなのですが、部下の話を聞かない上司がほとんどなので、スキル・経験が不足していても、部下の話を聞くだけで信頼されるのです。

部下に信頼されて初めて、本来の上司としての仕事に取り組むことができます。上司の仕事とは、部署のビジョンと高い目標を示し、目標達成のための新たな施策を打ち出し、見本を見せ、部下をうまく動かして、おおかたの部下の予想をはるかに超えた結果を出すことです。部下にあれこれ言って意味があるのはそれからになります。

実は子どもに対しても、部下と全く同じ問題があります。親は子どもに教えようと、あれこれ口を出します。普段だらしなくて、お酒を飲んで酔っ払っているところろしか見せていなくても、叱りつけているケースが少なくありません。子どもの話にしっかり耳を傾け、子どもなりの事情をよく理解したあとなら、もっと素直に聞いてもらえるでしょう。人に話す上で大切な点ですが、必死になっているとつい忘れがちです。普段、自分のことしか考えていないとどうしてもそうなります。自分は自己中心的だという自覚が少しでもあり、しかも本気で改善したいと思っているならば、注意事項をカードに書いていつも目の前に置いておくと役立つかもしれません。

相手の話を聞くのは負けではない

相手の反応を見ず、相手の話も聞かずに話し続ける人がよくいます。相手の話を聞くと負けだと思っているとしたら、大きな誤解ですし、相手が眼中にないとしたら、相手に対して失礼です。相手の話を聞くと負けだと思う人は、話すことを「勝ち負け」で見るからでしょう。相手をどう論破するか、どう言いくるめるかしか考えていないとこうなりがちです。

対話はそもそも「話したら勝ち」「話を聞いたら負け」というものではありません。**こちらの要望、お願いを話し、合意してもらうことも、決して勝ち負けではありません。むしろ、「合意できて双方よかった」というものです。**

勝ち負けが気になる人は、「なぜそうなのか」「いつからそうなのか」、今までのご自身の考え方、価値観、人との接し方などをもう一度振り返ってみたほうがよいかも知れません。私の理解では、常に上に立たないといてもたってもいられない人、過剰に競争心がある人、上から目線で人を見ないと落ち着かない人がこの問題を抱えていることが多いです。

こうなってしまう理由は、自己肯定感が低く、自分を相手より上におかないと不安でしょうがない、ということだろうと思います。自信のなさの裏返しで、決して本当の意味の「自信」ではないからです。むしろ自信がないからこそ、空威張りで、攻撃的で、人として残念な言動になりがちです。

自信のない多くの人が、こういう人を見て「あの人は自信があるなあ。うらやましいなあ」「自分ならとてもああいうふうに言えないなあ」と誤解してしまうので、残念なだけではなく、有害ですらあります。

本当の「自信」があれば、自分の価値・能力を信じ、自分を信頼します。人に威張るとか、上に立つとか、人を下に見るとか、そういう否定的な要素は全くなく、もっと自然です。ここを誤解している方が大変多く、自分に対しても、人に対しても間違った見方をしがちです。

自分に対しては、過度に自信がなく卑下したり、あるいは自分の実力を過信して過剰な言動に出たりします。人に対しては、馬鹿にされたり、こけおどしに騙されて萎縮したりします。自然体で話すには、そのような誤解を解消し、自分への理解を深める必要があります。なぜ自分を上におかないと不安でしょうがないのか、という点について多面的にＡ４メモ書きをしてみると、かなりクリアになります。

Ａ４メモ書きの実践方法については、巻末の付録をご覧ください。

多面的なＡ４メモ書きのタイトルとは、例えば次のようなものです。

・なぜ常に人の上に立たないと落ち着かないのか
・人の上に立つと、どういう気分になるか
・人の上に立たないとき、どういう不安な気持ちがするか
・自分はいつから過剰に競争心があるのか
・自分はどういう人に対しては、過剰な競争心を感じないか
・過剰に競争心がある人は誰か、どうしてそうなのか
・その人はどういうとき、上から目線で人を見るのか
・その人はどういうとき、上から目線で人を見ないのか

こういうタイトルで10〜20ページ書くと、自分の気持ちや他の人の気持ちがかなり客観的に見えるようになります（図1参照）。

一方、相手が眼中にないのも失礼な話です。今、実際に目の前に人がいるのに、まるでいないかのように一方的に話し続けるのはどういうことでしょうか。相手の話など聞く価値がないと思っているのがありありですし、話どころか、人としての存在を否定していると言われても反論できません。そこまで悪意はなく、あくまで相手のためを思って話している場

図1 A4メモ例

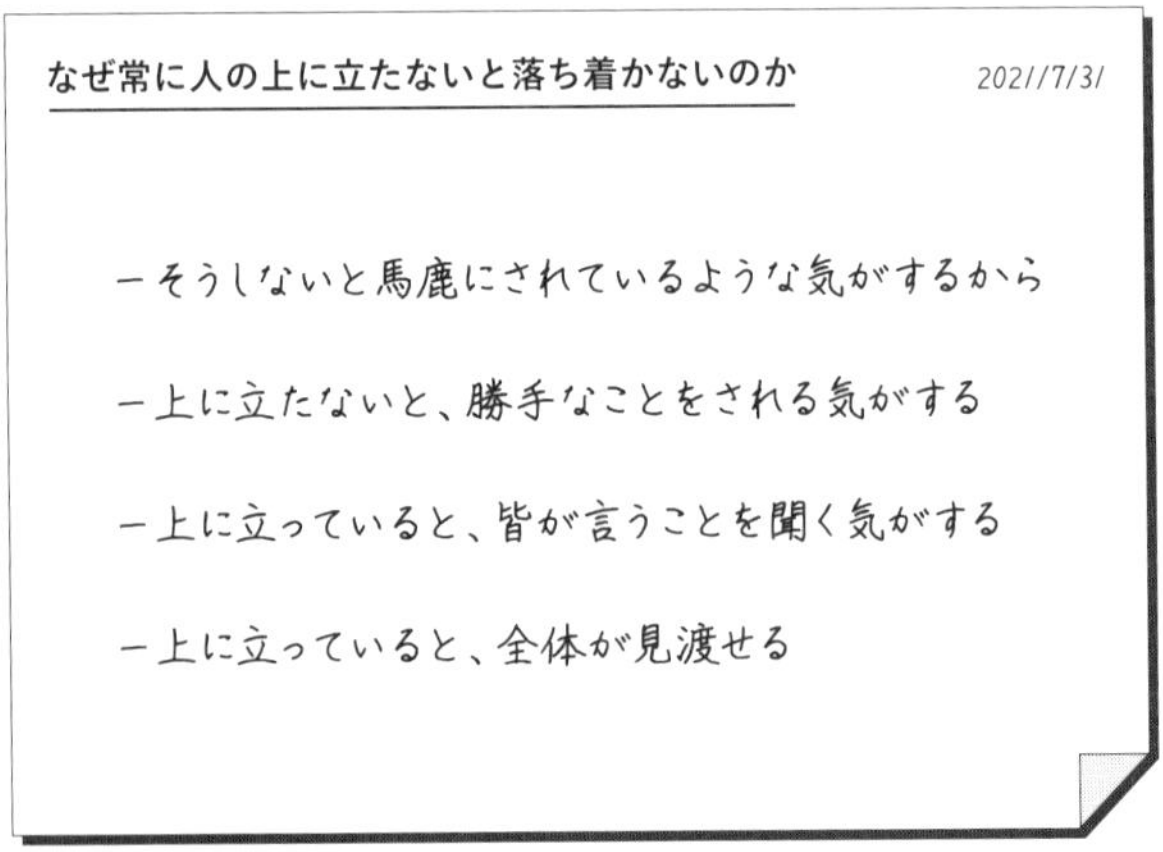
なぜ常に人の上に立たないと落ち着かないのか
2021/7/31
ーそうしないと馬鹿にされているような気がするから
ー上に立たないと、勝手なことをされる気がする
ー上に立っていると、皆が言うことを聞く気がする
ー上に立っていると、全体が見渡せる

合も多いかもしれません。それでも相手の気持ち、状況を聞くことなく、一方的に話すのは褒められたことではありません。

気をつけたほうがいいのは、「相手の間違いを正そう」とか、「失敗しないように教えてやろう」という考え方です。そう思うだけで、相手は萎縮します。「ああ自分はだめなんだ」「また間違いをしてしまったんだ」「また怒られるんだ」と考えてしまうからです。萎縮していると、本人がそこまで気づかなくても、何か気持ちが落ち着かないと感じたり、不安になったり、こちらに敵意を持たれるなど、いいことはありません。

「だめな部下、後輩を早く成長させようと親心でやっているのに……」とも感じられるかもしれません。もしそう感じるとしたら、何かをなし遂げる上で鍵となる、人への共感力がやや不足しているかも知れません。全体をうまく進めるには、相手の痛みを感じて、ある程度感情移入することが必要です。

一度、騙されたと思って、あるいは百歩譲って、相手の話を聞いてみてください。

こちらからは何も話さなくても、ひたすら話を聞けば問題なく会話が進み、むしろ相手は嬉しそうな顔をして話し続けます。これまでのコミュニケーションとは天地がひっくり返るくらい違うものかと思います。その後のコミュニケーションが実にスムーズに進むことを実感できるでしょう。

うまく話すコツは、何もしないこと

話すことに自信がない人ほど、うまく話そうと意識してしまいがちです。「うまく話す」とは、「よどみなく話す」「つかえずに話す」「こちらの要望をうまく伝える」「こちらの主張に合意してもらう」などでしょうか。

本当に「うまく話したい」と思うなら、むしろ「何もしない」「気にしない」ほうがいいでしょう。「うまく話そうとする」ことで固くなったり、あがったり、頭が真っ白になったりして、いいことは何もないからです。相手を尊敬し、決してばかにしたりせず、自然体で話すことが大切です。上から目線などは、相手にすぐに察知されます。そうなると、本気で話を聞こうとはしてもらえません。むしろいっさい耳を傾けてくれないかもしれません。自分の気持ちを隠すことはほぼ不可能です。五感は大変鋭く、不自然さを見抜いてしまうからです。隠そう、演じようとか、操作しようとしても、相手に伝わってしまい、警戒心を抱かれることになります。

また、あまりに堅苦しいと相手を緊張させます。緊張すると不必要に警戒させてしまい、ろくなことはありません。こちらも自然に話せなくなってしまいます。

暑くも寒くもない、ほどよい気温の晴れの日に、気持ちよく林の中を散歩しているることをイメージするといいでしょう。足元に若干の注意を払います。いちおう前を見て今自分がどこにいるかを確認します。それ以外は、わくわくする気持ちで歩く、くらいの感じです。

テニス、野球、ゴルフなどのスポーツでボールをうまく打とうと意識しすぎたら、力が入ってまともに当たらないか、当たってもボールが遠くに飛びません。

うまくやろうと意識せず、自然体でやるのが一番です。肩の力を抜き、リラックスして話す必要があります。

肩の力を抜いて話すには、

❶余裕を持って自然体でいること
❷準備を十分して、安心して臨むこと
❸相手の反応にも注意を向けられること
❹深い呼吸でゆったりと話すこと

などを意識するといいでしょう。

幸い、私は肩に力が入ったことがあまりなく、むずかしい局面でも比較的リラックスして話すことができます。マッキンゼーに入った当初からそうなので、もともと楽観的なのかも知れません。ただ、もちろんその後、A4メモを数万ページ書き、毎日数十以上の記事を読み、多くの方とディスカッションする中で、より難易度の高い状況にも対応できるようになったとは思います。

相手次第なので、事前に想定した通り進むことは期待できませんが、うまく話すことを意識せず、肩の力を抜いて話せば、こちらのシナリオを意識しつつ、ある程度は柔軟に対応できます。

「立て板に水」を目指さない

大事なのは、こちらの主張とその根拠を淡々と、しかし思いを込めて伝えることです。相手の話を聞き、質問があれば聞き、相手からの質問にも誠意を持って答えると、必ず前に進みます。

話すのが苦手な人は「立て板に水」的なスムーズな説明に憧れているかもしれま

せんが、これは誤解です。そのような説明は相手を圧倒しようという魂胆がみえみえで、反論しづらく、抜け目もなく、むしろ悪い印象を与えます。

「うまく話そうとしない」という点は、英語でのミーティングで特に重要です。英語があふれるように出てこなくても、全く問題ありません。「こういう理由で私はこう思います」「このように進めたいと考えます。理由は3つあります。1つ目には~~、2つ目には~~、3つ目には~~」と、時間をかけてゆっくり話せば、皆真剣に耳を傾け、理解しようとしてくれます。これは、結構慣れている私でもいつも感心するほどです。

日本語でも英語でも、「立て板に水は不要」(どころか、むしろ有害)と覚えておいてください。

物事をうまく進める人は全体観がある

誰かに何かを話して合意してもらったり、何かをやってもらったりするためには、相手にその気になってもらう必要があります。

そのためには、相手が置かれている状況や、利害関係、制約なども理解しておかなければいけません。

全体観を持つとは、今自分が関心を持っていることに関して、全体が見えていて、前提条件、参加者、彼らの間での利害関係を把握していて、どこをどう押せば望む結果になるのかがわかるということです。

相手が社長であっても、先代社長の番頭的な存在であった常務取締役が実権を握っている場合があります。ワンマン社長で誰からも恐れられているにもかかわらず、社員の退職が相次いでいるため、彼らの反応に気が気でない場合もあります。したがって、役職や表面的な位置づけなどにとらわれるのではなく、全体観を持って組織の中の相手の立ち位置を把握する必要があります。

さきほどの例でいうと、

❶社長と常務取締役の人間関係、力関係
❷他の取締役の位置づけ、力関係
❸先代社長の意向と存在感
❹メイン事業の貢献度合いと将来性
❺社長が新たにもたらそうとしている新事業の可能性
❻社長のビジョンへの社員の共感度の高さ

を把握し、どうなれば社長が合意してもよいと判断してくれるのか、社長は何に合意でき、何には合意しづらいのか、などの全体を見通す必要があります。

こういった全体観がないと、相手が置かれた立場の一部しか見えていないので、どうすれば合意して動いてくれるのか、合意しても動かせる立場にあるのか、そもそも相手は合意できる立場にあるのか、イメージが湧かず、間違った方向に押してしまいます。

そうすると、何も動かなかったり、動き始めても思わぬ障害が起きたり、想定しない遅れが生じたり、参加メンバーの誰かが突然怒り出したりして、頓挫してしまいがちです。

アドリブのようでいて、用意周到、細心の注意

物事を進める際には、アドリブも必要です。台本に沿って無理やり進めようとするのは「百害あって一利なし」なので、相手の気分や出方を見て、柔軟に対応します。

アドリブのようでいて、話の流れなどは事前にしっかり準備し、細心の注意を払っておきます。読み切れないときは、シナリオを何種類か相手の反応ごとに分けて書いておきます。

例えば、さきほどの社長の例でいうと、

❶社長自身は賛成でも、常務取締役が反対する場合

❷社長自身は賛成で、常務取締役は条件つき賛成の場合
❸社長自身は中立で、常務取締役は条件つき賛成の場合
❹社長自身はやや乗り気がせず、常務取締役は賛成の場合

など、合意に持ち込めそうなシナリオを検討しておきます。

それぞれ何を言うべきか、どこまで譲歩すべきか、どこまで押し込むべきか、どういう代替案を出すか、どういう条件を追加するかなどですね。そうすれば、アドリブのようでいて、用意周到であり、細心の注意で進めていくことができます。

人を動かす話し方には、3つの鍵がある

私のマッキンゼーでの仕事は、クライアント企業の経営改革を支援することでした。経営改革とは、ビジョン・戦略立案、組織改革、業務改善、経営人材育成などです。通常、月1回は報告会があり、いろいろ提案しますが、最初のうちはなかなか思ったように提案が聞き入れられず、はがゆい思いをしたことも多々あります。「こんなにいい提案なのにどうして聞いてくれないのだろうか」「どうして伝わらないのだろうか」とさんざん悩み、一方的に提案してもうまくいかないことを嫌というほど学びました。

また、一方的でないとしてもその場で突然提案してもむずかしいということを経験しました。試行錯誤の結果、私が編み出した方法をご紹介します。

それは、「人を動かすためのプロセス」を次の3つに分けて動かすことです。

- ・話す前の「仕込み」
- ・話している間の「仕切り」
- ・話した後の「仕上げ」

これらがうまくできれば、かなり高い確率で結果につながります。うまくいかないときもありますが、確率はかなり上げることができます。結果を出すプロセスの全体をできるかぎりコントロールすることが可能になるからです。

【第1の鍵】

話す前の「仕込み」

「人を動かす話し方」の第1の鍵は、話す前の仕込みです。相手にとって好ましくない状況、受け入れがたい状況になってから、どのように話し方を工夫しても手遅れになりがちです。

話す前にある程度は整えておく必要があります。スケジュール感などもできるだけ事前に伝えておきます。他部署から突然何か頼まれても、こちらにも段取りがあるし、部署内の合意形成も必要なので、受けたくても受けられないこともありますよね。そのような前さばきをしておく、ということです。

その場でどう話すか以上に、話す手前の準備、お膳立て、普段からの関係構築が結果を大きく左右します。関係が悪ければ、あわてて話そうとしても、口をきいてくれることすらむずかしいかも知れません。「普段あんな態度のくせに、急に会いたいなんて都合のいいやつだな」と思われて終わります。試合前にゲームセットしてしまうようなものですね。不戦敗、あるいは反則負けと言ってもいいかもしれません。

これを防ぐには、普段からの心がけが大切です。ただ仕事やプライベートで、突然接点ができて話さなければならないこともしばしばあります。この場合は、話す前の仕込みができないので、自分の普段からの姿勢と持てる力で勝負するしかありません。

［第2の鍵］
話している間の「仕切り」

仕切りとは、「こちらの望む方向に相手あるいは相手のチームを動かしていくこと」です。話をしていると、相手が同意したり、反発したり、元気になったり、気落ちしたりします。それを把握しながら、こちらの望む方向にうまくリードしていかなければなりません。成り行き任せでは目的を果たせないからです。

「話している間の仕切り」は、相手が誰か、何人か、相手との関係がどうかによって大きく変わります。

経営会議での決定を引き出すなど、相手先の会議でプレゼンして望む結論を得るには、会議をうまくリードする（＝仕切る）ことが必要になります。1対1で話している場合でも、相手のエネルギーレベル、気力レベルを常に観察し、最大限上げていくように仕切っていきます。具体的に見ていきましょう。

1対1のミーティングのとき

話しながら相手を真剣に観察し、どういう気分なのか、今何を考えているのか、何に引っかかっているのか、などを考え続けます。事前の想定をベースに話しつつ、相手を観察し、反応によって対応を変えていきます。相手の反応によっては、準備していたシナリオをさらに柔軟に変えていかなければなりませんし、感情的な爆発をうまく鎮めていかなければならないこともあります。ただ楽しくおしゃべりする、というのはだいぶ違いますが、少し慣れればできるようになります。

1対2のミーティングのとき（2人が同僚）

相手が増える分、若干複雑になりますが、実はそれほどむずかしくありません。2人の顔色と理解度、納得度などを見続けるという意味では、やるべきことが増えますが、2人のうちより賛同してくれる人に向けて話し、心をつかむようにします。

その上で、もう1人の合意を得るように働きかけていきます。

このとき、もう1人が明らかにつまらなそうにしていると危険です。まとまる話もまとまらなくなる可能性がありますので、2人の関係や温度感を考えながら、決して放置しないようにします。

さらに注意すべきは、1人がその気になっているということが気にいらなくて、もう1人がそっぽを向いてしまう、ということが結構起きやすい、という点です。1人が合意してくれそうだからといってあまり喜びを表に出さず、抑制した姿勢でもう1人に納得してもらうことが大切です。

1対2のミーティングのとき（2人が上司・部下）

2人が上司・部下の場合、通常は上司に話しかけ、合意すればほぼ問題ありません。ただ、上司が部下に任せようとしている場合もあり、そのときは上司にも注意を向けながら、部下に話し、合意します。部下が合意したら、それを聞いていた上司に対して、若干の補足説明をしつつ、お礼の気持ちを伝えます。

1対多のミーティングのとき

相手先の会議に参加して提案する場合は、1人で会議全体を動かしていく必要があります。大人数の会議では、1人ひとりが何を考えてどういう発言をしようとしているかの詳細な状況の把握はむずかしくなります。

その代わり、テーブルでの座っている位置、年齢、他の人への接し方などから誰が一番えらいのか、誰が本当に影響力があるのかを早めに見定めます。社長は比較的わかりやすいですが、その会議で「社長以外で、誰が本当に影響力があるのか」はよく注意しないとわかりません。

社長が全部決めるなら簡単ですが、ご意見番の経営企画室長が全部取り仕切って意見をまとめるケース、古株の営業本部長が合意しないと進まないケース、皆に意見を言わせて社長が間をとろうとするケースなどがあります。状況を正確に把握し、その場でもたもたしないために、私は事前に聞けるときは必ず聞くようにしています。相手先の経営会議への突然の出席はあまりなく、事務局や担当者などと事前に話すことが普通なので、そのときに確認できます。

基本的には、その場でポジションが一番上の人に話しかけ、質問されたら答えつつ、本当に影響力がある人を見定めて、合意できるようにしていきます。

ただし、社長であっても、自分だけが納得して部下が不満に思うかもしれないとか、取り残されるとかを気にするので、出席したナンバー2の人にもしっかり話しかけて取り込んでおきます。この2人の同意を得られれば、ほぼ大丈夫です。

【第3の鍵】

話した後の「仕上げ」

話をして相手と合意できたとしても、その後、物事が期待通り進むとは限りません。**話した後が、実は肝心です。**

フォローとは、相手が動かざるをえない状況をつくっていくことです。何かを合意してもらう、許可してもらう、程度であればいいですが、組織を動かしてもらう、何かの骨を折ってもらう、という場合は、合意後の丁寧なフォローが不可欠になります。合意後に忘れていることも多いですし、やろうとしてうまく動かなくて止まったままになるケースも少なくありません。

いい話ができてその気になってくれても、その後、**丁寧にフォローしなければ、実際には動き出さないことが普通だと考えましょう。**相手は別に悪気があるわけではないのです。

動き出さない理由はいくつもあります。

1. 相手が合意後、部下に指示をし、組織を動かそうとしている場合

いかにも動きそうですが、実際は、しっかりフォローしないと前に進みません。組織は、普段と違う動き、新しい動きをすることが決して簡単ではないからです。

そもそも、上司から部下に、部下からその部下にしっかりとした指示を下ろさないと動きませんし、部門間の相互調整も必要です。十数人の組織でも業務プロセス、仕事の流れなどは何らかの形で決まっていますので、それを変えたり、新たに動いたりすることそのものに抵抗を示します。

組織センスに優れた一部の経営トップはこの点を理解していますが、多くの方は自分が指示をすれば組織が動くと思っています。部下は、指示を受けていつも動いたふりをするので、トップは長年、動いているものと思い込んでいるからです。た

だ、実際はトップの指示の一部を選んで、通していることが多いのです。

少しでも調整が必要だったり、トップのわがままに見えたり、一部の部下の価値観に反していたりすると、ごく簡単なこと以外、無視されがちなのはこれが理由です。

もちろん、トップの指示を表だって無視できないので、「承知しました」と返事はするわけですが、そのあと、なし崩し的に放置します。あるいは、責任を果たしたとばかり、さらに自分の部下に指示しながら、「いつものことだから、ほうっておけばいいよ」的なメッセージを伝えたりもします。

経験のない人は、経営者や組織の実力者が合意してくれたと安心して何もせず待つことが多いですが、それで動くことは期待できないと思ったほうがいいです。

2. 組織内に反対意見があり、かなりの調整が必要な場合

組織内の反対意見をなだめたり、場合によっては反対者を排除したりしないと前

に進まないこともあります。経営トップは、自分がいいと思っても、組織内の反対意見を無視しての強行をあまり好みません。相当に強力なトップでもかなり気をつかいます。

例えば、ある画期的な営業強化プログラムの導入を社長が決断しても、古参の営業本部長が渋ることはよくあります。社長は、営業本部長の仕事がなくなるわけではないこと、営業の本質がぶれてしまうわけではないことを説明し、何とか納得させます。無理に導入させても、明らかに使われないからです。また反発されて、より上の層にチクられたりしたら、目も当てられません。

したがって、こういうことまで考えた上で、こちらからのフォローやトップへの助言、あるいは経営幹部・社員への説明会などが不可欠になります。

3. 相手が心底合意してくれたわけではなく、「原則合意」だった場合

心底合意したわけではなく、「そこまで言うのだから、その熱意を買ってのいち

おうの合意」や「合意しておかないと世間体が悪いので合意」もよくあるケースです。その場では「合意」であり、相手もそう言ってくれていても、実際はやっと出発点に立っただけです。こういう場合は、出発点から2合目、4合目、7合目とフォローしながら進めていきます。

このプロセスを楽しみながら進めていかないと、到底やっていられません。義務的に感じたり、内心でばかばかしいと思ったりしていると、その気持ちが相手に伝わってしまい、態度が硬化しがちです。相手が合意するだけで特にアクションの必要がない場合もあります。例えば、マンション管理組合の運営方針を理事会に提案し、決めていただくといったときです。

ただこの場合でもリーダー、ボス的な存在の理事とまず話し、次に他の理事の意見も聞いてまとめたあとに提案したほうが断然スムーズにいくことが多いです。

理解・実行チェックリスト

□相手の事情と気持ちを推しはかった話し方をして、結果を出す
□相手の状況、利害関係、制約などを全体観として理解する
□相手の話を聞くのは負けではない
□アドリブのようでいて、用意周到、細心の注意を払って話を進める
□結果を出すため、仕込み、仕切り、仕上げを行う

おすすめするA4メモ タイトル例

・どうすれば、もっと相手の事情と気持ちを考えられるようになるか
・どうすれば、相手組織の中の人間関係、利害関係などを理解できるか
・アドリブのようでいて、細心の注意を払うには

・仕込み、仕切り、仕上げのどれが得意か、弱いか。弱いところをどう補強するか
・合意しても組織が動かない理由をどう感度よく見抜くか

Communication
for
Action

第 2 章

「仕込み」話す前に勝負は決まっている

chapter 2

To be Prepared is Everything

話す前にすべき「仕込み」とは何か

その場でどう話すか以上に、普段からの関係構築、相手の状況把握、話す前の準備、協力者の確保が結果を大きく左右します。普段からの関係構築は、相手と挨拶をかわし、できればある程度は信頼されていることが大切です。

相手の状況把握は、相手の立場や直近の事情をできるだけ理解することで、どうアプローチすべきかを正しく判断するために行います。話す前の準備としては、状況に基づいて、より効果的な提案書を作る、キーパーソン数名の口頭合意をとるなど、考えられるかぎりのことをします。協力者の確保により大きな差が生まれます。相手の身近に何でも話せる人を何としてでも確保しましょう。

また、誰に話すかによって、話す前にすべき「仕込み」が変わります。時間との兼ね合いで、どのくらいよい関係を構築しておけるかを考えなければならないからです。大きく4つのグループに分けて接しましょう（図2参照）。

図2 仕込みをしておくべき4つのグループ

❶仕事やプライベートで協力を要請する可能性のある相手

◎上司、他部署の部門長、取引先、協力企業、
マンション管理組合の理事、PTA役員、親戚など

◎一番意識してよい関係を構築しておくべきグループ。
ゴマをするのではなく、丁寧に接しておく

❷頼み事をできる相手

◎同僚、同級生、同窓生、友人など

◎過去の関係から少しは無理が利くグループ

❸特に思い当たることはないが将来何かを依頼しうる相手

◎友人・知人など

◎①の関係構築ができたあと、丁寧なコミュニケーションをしておく

❹それ以外の全員

◎できる範囲で丁寧なコミュニケーションをしておく

特に大切なのは、上司への仕込み

苦手意識などがあって、上司とのコミュニケーションがうまくできていない方が多いようです。普段からコミュニケーションができていないと、上司がこちらの説明を真剣に受け止め、気持ちよく合意・承認してくれることはなかなか期待できません。

上司との関係は、仕事上だけではなく、プライベートにも大いに影響してしまいますので、何とか良好にしておきたいところです。決して簡単ではありませんが、強調しきれないほど重要です。長くなりますが、ここで真正面から考えてみたいと思います。

普段から、仕事の成果をできるだけ挙げ、期待に応えておく

そもそも期待に応えられていれば苦労しない、と感じられたかもしれませんが、実はできることがたくさんあります。

なぜかといえば、仕事ができないから困っているのではなく、上司とのコミュニケーションがうまくいかず、本来は避けられるのに悪循環になり、「仕事ができない」状況に陥っている人が多いからです。

上司が何を求めているかよくわからない、相談できない、相談するとこんなこともわからないのか、という顔をされる、こういうことで皆さん、苦しんでいます。

仕事を進める力は一朝一夕には上がりませんが、悪循環を止めることはもう少し簡単にできます。気分が悪くなる一方の悪循環、これを止めることができたら、目

の前がぱーっと明るくなります。
もちろん簡単ではありませんが、努力の価値は十分にあります。

具体的には、

①仕事の指示を受けたら、すぐ内容を箇条書きにして確認する
②相談相手を2~3人確保し、迷ったらすぐ相談する
③当日中、遅くても翌日にはアウトプットイメージを示し、確認する
④納期までの半分の時点で8割を終わらせ、アウトプットを確認する
⑤普段からA4メモ書きで上司の悩み、立場を理解しておく

の5項目です。順番にご説明します。

①仕事の指示を受けたら、すぐ内容を箇条書きにして確認する

上司の指示は大半があいまいです。その理由はさまざまで、上司の上役からの指示なので十分消化しきれていない、仕事があふれていて目一杯、部下をうまく動かすことが苦手、部下は勝手に仕事して自分を助けてくれるべきだと思っている、根本的なスキルや知見が足りない、といったことが原因になり、あいまいな指示になりがちです。

悪意はあまりないでしょうが、自分で考えてやってくれよと思っていたり、疲れていて不機嫌だったり、いい加減だったりする場合も少なくないでしょう。

したがって、上司から仕事の指示を受けたら、すぐ内容を箇条書きにして確認することが必要です。口頭での確認だと、お互いの記憶が薄れてしまい、後々問題になりがちです。

「いや、そんなことは言っていない」「そんなつもりじゃなかった。それくらいわ

かるだろ？」とはしごを外されてしまうこともあります。

そういうとき、「いえ、私ははっきり覚えています。そんな指示ではありませんでした」と言ってしまったら、上司からにらまれ、悪循環が始まってしまうかもしれません。

箇条書きのフォーマットはどういう形でも構いません。具体的に何を、いつまでに、どういうやり方で、どういう資源を使って仕上げるのかということを、手書きでいいので確認してください。特に「何を」に関してはよく確認しないと、無駄な作業が発生します。資料なら何ページくらいのどういう雰囲気の資料なのか、エクセルシートならどういう内容のものなのか、動画なら何分程度のどういうトーンのものなのか、遠慮なく詳細を確認する必要があります。

② 相談相手を2〜3人確保し、迷ったらすぐ相談する

指示を確認したあと、少しでも迷いがある場合は、すぐに相談相手2〜3人に連絡をし、誤解がないか、このやり方でよいか、何に気をつけるべきかを相談します。相談相手としては、同じ職場の少し先輩や同期、少し後輩の中から気の合う人2〜3人が適切です。学校時代の同級生の中に仕事上の相談ができる人がいれば、その人も加えておきます。お互いに相談相手になって、それぞれの仕事の進め方をこまめに助言しあう、そういう仲間ができれば理想的です。

これは間違いなく効果的なやり方ですが、残念ながらあまり行われていないようです。「すぐ相談する」と考えたこともないか、「仕事は自分一人でまずやるべきだ」と思い込んでいるか、単に気恥ずかしいか、誰も音頭をとらなかったか、といったことが理由だと思いますが、もったいないです。

私が企業の経営改革を支援している場合は、プロジェクト責任者だけではなく、

その方の同僚を巻き込んでいくことがよくあります。同僚からは多くの場合、大変役に立つ助言をいただけます。自分の業務ではないためかえって客観視でき、かつ、上司の性格・嗜好、部門の特性などもわかっているので、効果的な助言ができるのだろうと思います。これを逆の立場でも行えば、お互い助け合えますし、自分の視野を広げ、知見を深めることにつながります。

③ 当日中、遅くても翌日にはアウトプットイメージを上司に示し、確認する

上司に確認し、相談相手のインプットも反映して、最速でアウトプットイメージを作成します。アウトプットイメージとは、企画書なら何ページ程度でどういう体裁のものなのか、手書きでざっと作成したものです。

例えば、20ページ程度で、表紙、目次、各章のトップページ、それぞれのページ

の中にどんなグラフを入れるのか、などですね。初めてだと1時間くらいかかるかも知れませんが、数回やると30分ほどで形を整えることができます。企画書以外だと、1ページでの提案書、エクセルでの計算書、デザインのポンチ絵など何でも、大枠をとらえるという意味では同じです。

自分からは明解な指示ができなかった上司も、このアウトプットイメージを見るとその方向でいいのか、もう少し違う方向なのか、それなりに役立つ助言をしてくれます。

④納期までの半分の時点で8割を終わらせ、アウトプットを確認する

どれほど確認しても、認識のずれは生じます。その問題を避ける唯一の方法は、納期までの半分の時点で8割を終わらせて確認することです。

「それができたら苦労しない」と思われたでしょうか。そういう思い込みが多いですが、実際にやろうと思えば方法はあります。業務の後送りが続いて仕事が積み重なり、無理・無駄をしながら何とかつじつま合わせしていると、もちろんうまくいきません。少しだけ余裕があるときに思い切って取り組みます。やってみれば、実際はそこまでむずかしいことではありません。

仕事ができる人は、皆、こういう前倒しの仕事をしていますので、ぜひ周囲でも探してみてください。見つけたら、前倒しのコツや悪循環を止めるための大胆な切り返し方などを、しっかり観察します。

前倒しであれば、どうやって外れない仮説を立てるのか、何も材料のない中でどう全体像を描くのか、どのようにして内外の知恵、ノウハウを最速で集めてくるのか、などです。また、気をつけていても悪循環が起きてしまったときに、少しでも早めに察知し、これ以上悪くなることを防ぐのか、どうやって気落ちするメンバーを再度引き締めるのかなどを観察します。

その上で、本人に詳しく聞きましょう。少々しつこいくらいでもいいでしょう。

その結果次第でプロジェクトが成功するか失敗するかの瀬戸際ですから、遠慮している場合ではありません。聞いてみると、自分が今まで考えて、当然と思ってやっていた仕事の仕方とはずいぶん違うことがわかります。

仕事ができるようになる人は、こういうときに遠慮をせず、徹底的に教えを請います。率直にふるまえば歓迎して教えてくれるでしょう。

⑤普段からA4メモ書きで上司の悩み、立場を理解しておく

上司の気持ちは、部下からはなかなか理解できません。想像しようにも、上司の立場ではないので的外れになりがちです。この問題を解決する効果的な方法は、普段から上司の立場になりきってA4メモ書きをしておくことです。

具体的には、

・経営者、上司なら、この会社をどうよくしていくか
・経営者、上司なら、自分の仕事にどう取り組むか
・上司は、自分の上役からどういうプレッシャーを受けているのか
・上司は、何に一番困っているのか
・上司から見た部下の課題は何か
・上司は、部下に何を期待しているのか
・上司には、今回の案件がどういうプレッシャーになっているのか
・上司は、役員からどういう詰められ方をしているだろうか
・上司にとって今回の案件はどういう意味を持つか

などをタイトルとしたA4メモ書きをすることですね。そうすると、想像するだけでは気づかなかった多くの点が見えてきて、上司の大変さ、長所、努力などへの

理解が深まります。上司の状況や悩みがわかる人はあまりいないので、よい関係を築く第一歩となります。

ただ、これまでの習慣もあり、1人では始めにくいし、続けにくいかも知れません。そういう場合は、数人の同僚や社外の友人と仲間をつくって、毎朝あるいはお昼休みに一緒に取り組むとよいと思います。

また、FacebookやLINEを使ってオンラインで実施すれば、手間もほとんどかかりません。こういう努力を続けていくと、従来とは違う結果が出始め、上司が「おや?」と思い、見直されて仕事がしやすくなります。

相手には適度に相談、報告をしておく

仕事が順調に進まないと、上司に声をかけられるのがこわく、上司を避けるようになります。その結果、上司への相談、報告がどんどんしづらくなっていきます。何としてもくい止めるべき悪循環です。今すぐ変えていく必要がありますし、それほどむずかしくありません。

上司のコミュニケーションの好みを把握する

コミュニケーションを改善する第一歩は、上司がどういうコミュニケーションを

好むのかを正確に把握することです。どの時点で何を報告し相談してほしいのか、時間帯や時間などはどう考えているのか、についてです。

上司に直接聞けるならそれがベストです。

自分　「念のため教えていただきたいのですが、進捗については、2日に一度程度ご報告すればよろしいでしょうか」

上司　「そうだね、それでいいよ」

自分　「急ぎのときはメール、LINE、電話など、どれがよろしいでしょうか」

上司　「メールでいいよ。だけど、急ぐときは遠慮なく電話してね」

自分　「電話でも構わないんですね。時間とかはいかがでしょうか」

上司　「急ぎなら、朝は7時半頃から、夜は23時くらいでも大丈夫だよ」

こういう感じですね。電話を好む上司と嫌がる上司がいますので、そこはきちんと確認します。また、進捗を途中でできるだけ確認したい上司と、できればあまり関わりたくない上司、勝手にやっておいてほしい上司がいます。

ですので、最初に確認しておいたほうが安全です。そうしないと、あとで「これじゃないんだよね。なんでこんなにずれちゃったのかなあ。途中で確認してくれればいいのに。そんなの簡単だろう?」とか、「そんな急に事情が変わったんだったら、週末だって電話してくれればいいじゃないか」などと言われてやり場のない怒りを感じることになります。

上司に直接聞くのがむずかしいなら、仕事ができる職場の先輩に聞くとよいでしょう。仕事ができる先輩は、上司の癖、好みなどをかなり把握しているからです。先輩への質問すら躊躇する方も多いようですが、遠慮せずに聞く必要があります。上司が苦手とするコミュニケーションのとり方についても、先輩にしっかり聞いておきましょう(上司本人にはあまり聞けませんね)。

萎縮した気持ちをなくす

上司の言動でもやもやしたり、混乱したり、怒りを感じたりしたときも、A4メモ書きがおすすめです。嫌な気持ちがうそのように消えて、上司への萎縮した気持ちはぐっと減り、気持ちも明るくなります。気持ちが明るくなると、不思議なほど自信がみなぎってきます。悪循環から好循環への切り替えとは、こういう現象です。こうして、地雷を踏まないように意識しながら、上司への適度な相談、報告ができるようになります。

普段から、上司が望む組織・チームづくりに貢献しておく

上司は、自部署の組織・チームづくりが大事だとは思っています。ただ、どうやったら強化できるのか、イメージを持っていないことがほとんどです。部下をどう

育てるかについても、「部下にはむずかしい仕事をやらせ、生き延びるやつが育つ。それ以外、きれいごとを言っても無理」と考えている上司も少なくありません。

したがって、上司が望む組織・チームづくりに貢献しておくと、言葉には出さなくてもかなり感謝されます。具体的には、部署内で〝ベストプラクティス共有会〟を企画・主催したり、部署内の壁をこわすコミュニケーションを率先垂範したり、新入社員が戸惑わないようガイドしたりといったことをやってみるのもよいでしょう。このような前向きな姿勢は上司に大変喜ばれます。

普段から上司の視点で考え、経営者・上司の立場での多面的なA4メモ書きで視野を広げてできることに取り組んでいけば、効果的に貢献できます。上司との関係もはるかに良好になるでしょう。

上司以外にもよい関係を構築しておくべきグループ

他部署の部門長

他部署の部門長とも、萎縮せず、機会があるごとに話をしておくほうがいいでしょう。おっくうかもしれませんが、仕事を進めていく上で必ず役に立ちます。最近苦労した話や自分の悩み、その部門長も関心を持つであろう社外の話題、新体制や全社の話など、ぜひ話しかけてみましょう。

与えられた業務で結果を出すことだけに集中し、周囲をあまり見ないようにしている方にときどき出会いますが、本当に重要な仕事は、それではうまく進められません。その場はよさそうでも、周囲の巻き込みが不足した結果、あとで困ることになりがちです。自部署でできることだけでは、限界があります。

他部署の部門長がかなり年上だったり社歴が長かったりした場合でも、よほど変わった人でないかぎり、話をすることはできます。部署連携はどんな会社でも重要なので、仕事ができる少しわかった人であれば、「よく話しに来てくれた」と、むしろ歓迎されるので心配はいりません。

かつて、ゴルフを通して他部署の部門長や社内のキーパーソンと親しくなるというワザがありました。ただ、ゴルフはだんだん下火になっていますし、ゴルフをやらない場合は使えないので、職場や懇親会などで機会があるごとに話をしておくといいでしょう。

取引先

取引先の場合、先方の社長と話ができるか、役員、部長クラスになるかは、こちらの立場によって変わります。上の方と話をしておいたほうがもちろんいいのですが、積極的すぎるとややひんしゅくを買うこともあるので、注意しながら進めます。仕事のできる人は、こういう立ち回りがかなりうまいものです。特に重要な取引先に関しては、役員につれていってもらうなど、いろいろな工夫をするとよいでしょう。自分の立場を超えて、できるだけ上の層まで名前を覚えてもらう程度のことはしておいたほうがいいです。そうすれば、いざというとき、断然話がしやすくなります。

協力企業

協力企業であれば、先方の社長や関係者と話すことも比較的やりやすいでしょう。案件によって相当無理なお願いをすることもありますので、しっかりとした関係を築いておく必要があります。そのために普段からこちらができることはやっておくことが大切です。恩着せがましくないように、貢献しておくとよいでしょう。

できるだけギブ・アンド・テイクではなく、ギブ・アンド・ギブ・ギブくらいの状況を心がけます。そうすれば、いざこちらから何かをお願いして物事を進めなければならなくなったときに助けを得やすいでしょう。

マンション管理組合の理事、PTA役員、親戚など

仕事以外ではさまざまな例が考えられますが、ここでは「マンション管理組合の理事」と「PTA役員」を考えてみたいと思います。マンション管理組合の理事に「自転車置き場の整頓」や、「ゴミ出しルールの改善」を依頼するようなケースです。

一度も挨拶をしたことがなければ、先方も形式的な対応になり、「なるほど、理解しました。検討します」で終わることも多いでしょう。「検討する」といってもだいたいは何もしてもらえず、流されてしまいます。

しかし、もし普段から話をしていて、少しでも身近に感じてくれていれば、より親身になって骨を折ってくれる可能性が高まります。例えばＰＴＡ役員にいじめ問題への早急な対処を依頼する際、普段から話をして親近感があれば、何とか動いて助けてくれようとします。一筋縄でいかないことになると、仲間うちと感じてもらえるかどうかの差は大きくなります。

親戚も同様です。普段からある程度の親戚付き合いができていれば、何かの折に無理をお願いしやすくなります。就職先の紹介や冠婚葬祭時の協力なども、日頃の関係性があってこそですね。実は私自身は苦手なほうなのですが、なおざりにはできません。

同僚、同級生、友人など、無理が利くグループをつくっておく

同僚、同級生、友人といっても、気が合う仲間もいれば、よく一緒に遊んでいるのに頼み事をしづらい相手もいるでしょう。

普段から仲間に貢献して「いいやつだ」と尊敬されていれば、いざというときに頼み事をしやすくなりますが、もし、そうでなければむずかしいでしょう。頼んだとしても、実際にはあまり協力してもらえないかも知れません。

ただ、すべてが「信用の貸し借り」なので、どこかでの帳尻合わせは必要です。一方的に「借り」がある状態は長く続きません。無理があると、せっかくの友達との関係がやや不安定になります。

友人・知人で特に思い当たることはないが将来何かを依頼しうる相手

友人・知人で、今は特に頼み事を思い当たることがない人に対していい関係を作り、維持できるでしょうか。今は、そこまで余裕がないかも知れません。それでも、仕事やプライベートで協力を要請する可能性のある相手との関係ができたあと、ある程度はコミュニケーションをしておくことが望ましいです。

将来のための関係構築ですね。こういう考え方は功利的だからと、あまり好まない方もいると思います。ただ、時間は限られるので、ある程度の線引きは避けられないと私は考えています。

できる範囲で、全員と丁寧なコミュニケーションをしておく

普段接する機会のあるすべての人に関しては、人として恥ずかしくない行動をし、前向きな姿勢で接しておくことです。それによって、いざというとき、支えになってくれる仲間やコミュニティができるかも知れません。

さて、ここまで準備していても、仕事やプライベートで、初めての人と話しながら、物事を進めなければならないことは日常茶飯事です。この場合は、話す前の仕込みができないので、今持っている力で勝負するしかありません。

その場ではごまかしようがなく、人となり、存在感、聞く力、話のわかりやすさ、説得力で勝負が決まります。最初は大変ですが、慣れてくると度胸がついてそれなりに対応できるようになります。

人となりは、急にどうしようもありません。良く見せようとしたり、隠そうとしたりしても不自然になるだけです。相手ができる人ほど、瞬時に見抜かれます。自分はあくまで自分だと考えて、自然体で臨むのがいいです。

存在感は、初対面の場でもおどおどせず、自信を持って自然体でふるまうことで生まれます。カリスマとかオーラとかを妙に気にする人がいるかも知れませんが、そういうこととは別ですので、気にしなくても大丈夫です。

聞く力は、アクティブリスニングに尽きます。アクティブリスニングというのは、真剣に聞いて、疑問に思ったら質問をしてさらに深掘りしていくことです。何かを想像しながら聞くとか、こちらから何か言おうと考えながら聞くのではなく、本気で、誠心誠意、耳を傾けます。相手の本当の気持ちがよりよく理解でき、落としどころも見えてくるかも知れません（巻末付録2 参照）。

話のわかりやすさは、こちらが伝えたいことを箇条書きでまとめておけば大丈夫です。自信がないと、ついだらだらと話し続けてしまいがちですが、逆効果です。できるだけ短く言い切りましょう。

説得力は、伝えたいこと・お願いしたいことが相手にとってどのくらい大切に感じられるか、自分の私心のない思いがどのくらい強いかによって高まります。

落としどころの目星をつけておく

その提案の「大義」は何か

物事を進める上で何より大事なのは、「相手がなぜこちらのお願いに合意しなければならないか」という「大義」と、その大義に基づいて「落としどころ」の目星をつけておくことです。

それぞれの会社や相手の事情はあるものの、社会のため、あるいは日本のため、

あるいは今困っている人のため、こういうことをしたいので協力してほしいと言われたら、ほとんどの人は理解してくれようとします。

例えば、「プログラミングの才能あふれる高校生が、毎年100人、シンガポールでのプログラミングコンテストに参加できるよう、スポンサーになっていただきたい」と急成長中のITベンチャー企業の社長が依頼されたとしたら、趣旨を理解し、前向きに検討してくれる可能性が高いと思います。一方、ITにあまり関心がない中小企業の社長なら、重要性そのものを理解していただけるかどうか微妙です。

「大義」を伝えるにあたり、注意するべき点がいくつかあります。

注意点① 一人よがりな提案

問題は、大義があって思いはよくても一人よがりになりがちなことで、「あなたの言うこともわからないではないが、ちょっと偏っているのではないのだろうか」などと感じさせてしまわないようにしましょう。一方的な印象を持たれてしまうと、理解はしてもらえても、合意はしてもらえません。

注意点②　拙速《せっそく》すぎる提案

拙速過ぎる提案は、こちらの足元を見られてしまい、説得しづらくなります。素早く動くのはいいことなのですが、あせっているように見えてしまわないよう、意識して丁寧にやる必要があります。一部しか見ていなかったり、雑だったりすると、後々問題を起こしてしまいがちです。

注意点③　無理やりな提案

現実的なステップを考えず、あるいは手順を飛ばして、「いいからやりたい」「これは課題が大きいからやめてしまおう」「今までのやり方はだめだから、多少無理をしてでもこのやり方でやるべきだ」という態度も、相手を動かせません。思いが強すぎ、聞き手がどう感じどう受け取るかを想像していない場合は要注意です。また人の話を聞かない方、頭が固い方、情報収集をあまりせず、偏った情報だけで判断しがちな方は、このパターンに陥るケースが多いようです。

もし提案に対して指摘されても、しっかり聞きましょう。**聞く耳を持たなければ、相手を動かすための出発点に立てません。**大義が大義として活きなくなってしまいます。

落としどころを見つける

相手に響く「大義」を明確にした上で、落としどころの目星をつけておくことが大切です。**落としどころとは、「やりとりした結果、互いに合意できるライン」**ですね。相手の立場や事情を考えると、こちらの主張がすんなり通ることはまれで、どこかで線引きをして合意する必要があるからです。

そのためには、現実的な見方がどうしても必要です。現実的な見方とは、**「あるべき姿を踏まえながらも、実際にやろうとしたとき、過度に無理をせずに実行でき**

る方法」を選ぶ、ということです。

1回のミーティングで合意できるのか、2～3回に分けて議論すれば合意できそうなのか、あるいは、ギャップがありすぎて今はあきらめたほうがいいのかも含めて、冷静に判断します。感情のおもむくまま「当たってくだけろ」的に動く人がいますが、その姿勢だと継続的にうまくいくことはありません。成功する場合もあるのですが、再現性は低いと考えたほうがよさそうです。

落としどころの目星をつけることはそこまでむずかしくありません。**「落としどころを考えたほうがよい。そのほうがよい結果になる」という考え方をすることが大切です。**落としどころに若干の幅があっても、大きな問題にはならず前進するケースが多いです。

関係づくりが苦手な私がやっていること

いざというときに役立つよい関係をどのようにしてつくっておけばいいのでしょうか。これこそまさに「仕込み」であり、意識して取り組むべきことです。必ずしも私が得意ではない分野ですが、それでもある程度できるよう努力しています。

必ずしも得意ではない、というのは2つ理由があります。

1つには、お酒があまり強くないので、夜ゆっくり飲み交わすとか二次会、三次会に喜んで行く、ということがほとんどないからです。昼間のミーティングよりは濃い会話ができたり、意気投合しやすかったりしますので、残念だとは思っています。

マッキンゼー時代に韓国で10年間仕事をしていたときは、日本以上に夜の付き合いが重要なので、飲めるふりをしていました。韓国では献杯、返杯が重要なので、席についたらすぐにその場で一番えらい人に献杯して相手の機先を制し、返杯を受けたら少しだけ口をつけて、あとは横の茶碗などに空けてまた献杯する、という裏技があったからです。

2つ目の理由は、どちらかというと内向的なほうなので、多くの人とずっと一緒にいたいとか、自分のことをどんどんしゃべりたいという気持ちがないことです。仕事柄、人にはたくさん会いますし、年間100回ほどのセミナーも開催しているのでそれ自体は決して苦痛ではないのですが、夜とか週末とか、1人でいるほうがどちらかというと楽しいのです。

さて、**人間関係をつくるために一番大切なことが何か考えてみると、2つあります。それは「好印象を与えること」と「嫌われないこと」です。**

好印象を残せるかどうかはやや運の部分もありますが、嫌われないためには、やるべきことがあります。外見や第一印象で決めつけず、相手の話を丁寧かつ真剣に聞くことです。話を聞いてくれる人を嫌うことはまずありませんので、驚くほど効果的です。苦手意識がある私がどうやって、いざというときに役立つよい関係をつくったか、つくろうとしたかをお話しします。少しでも参考になればと思います。

❶ 1カ月以内に会食をする

経営改革コンサルティングの場合、クライアントの主要な役員・部長とは早めに会食をするようにしています。クライアントチームとは1週間程度、主要な役員・部長とは1カ月以内に行います。この会食をしないとどうも落ち着きません。会食を終えるまでは、何か他人行儀なことが起きるのではないかという懸念です。

経営改革が進展して新たなプロジェクトが始まるときは、また新しいメンバーと食事に行きます。LGグループの経営改革を10年間支援したときは特にそうでしたし、日本の大企業の経営改革に際しても会食を重視しています。

会食は、夕食がベストです。昼食だと午後の仕事があるので、ゆっくり話すことができません。お酒を飲み、リラックスできる夕食のほうが会話の深さや相手との親密度の点で比較できないほど優れています。私はほとんど飲みませんが、お酒が飲める方にはどんどん飲んでいただきます。

❷ 大規模イベントへ出席して関係を構築する

急成長中のベンチャー社長、大企業の新事業担当役員、投資家などが多数参加する大規模イベントが年数回開催されています。こういうイベントに参加すると、多くの社長と知り合いになるチャンスがあります。

私はベンチャー社長と投資家の集まる日本最大級のイベントに数度出席し、社長数十人以上となじみになりました。夜のパーティーや、その後の二次会なども一緒ですし、話が弾めば翌日の朝食あるいは昼食などの約束もできるので、一気に関係が深まります。

これらの方との関係を活用し、日本初の学生アプリ開発コンテスト、ブレークスルーキャンプ２０１１、２０１２を開催することができました。スポンサーをお願いでき、学生１００名近くが2カ月間、神田のウィークリーマンションを使って開発に集中する環境を提供できました。宿泊費は無料、食費補助を出し、カップラーメンとカレーは無料、地方からの一往復の交通費も支給しました。

こちらへの参加・スポンサー依頼や当日でのやりとり、その後のフォローなどで関係が大変に深まったのは言うまでもありません。ちなみに、このコンテスト出場者のうちかなり多くの方がその後起業しました。

効果的な資料を最小限用意する

何かをお願いにあがる際には、効果的な資料を用意しておきましょう。絶対必要というわけではありませんが、もし何らかの合意、支援をお願いする場合は、相手の社内調整などのためにも必要です。資料がないと、こちらの真剣度を疑われる可能性が高くなります。

事前に準備する「効果的な資料」とは

「効果的な資料」とは、次の4点が端的にまとまっているものです。

❶ 誰が何で深刻に困っているのか

❷それに対してどういうユニークな解決策を取りうるのか
❸なぜ自分たちがお願いにあがっているのか
❹今回の依頼事項

重要なことなので、それぞれ説明していきます。

「誰が何で深刻に困っているのか」がないと、この依頼の意味や重要性がよく理解されません。また、困っている人はここに限らないと、当事者意識を持ってもらえません。

次に「ユニークな解決策」が必要です。それを示さないと、「深刻な問題でも、解決策がなかったら意味がないよね」と一蹴されてしまいます。「わかったけど、どうしたいの？」で終わってしまいます。

さらに「なぜ自分たちか」がきちんと言えないと、「わかったけど、どうして君たちが？」「あなたと話してもしょうがない」となり、砂を噛む思いになります。

そして「今回の依頼事項」では、依頼すべきことをできるかぎりわかりやすく、簡潔にまとめます。内容に自信がなくてあれもこれも詰め込もうと細かく書いてしまう人が少なくありませんが、逆効果です。

余計なものを思い切って捨てることで、本来伝えるべきメッセージがはっきりと伝わるようになります。

資料がいったん完成したあと

効果的な資料にするためには、作成後、何度も何度も相手の視点に立って頭に入りやすいかどうかを確認します。慣れると自分だけでもできますが、最初のうちは、次のいくつかのやり方をおすすめしています。

最も簡単なのは、誰かに依頼して、その資料を自分に説明してもらうことです。

ごく簡単なロールプレイングとも言えます。聞く側に立ってみると、資料のアラは本当によく見えるものです。よく見えるどころか、「話にならない」ところもすぐにわかりますので、改善して再度説明してもらいます。

私はパワーポイント（あるいは、KEYNOTEやGoogle Docsなど）**資料がおおよそ完成したら、スライドショーで10〜20回は最初からざっと流し、微妙な点を次々に修正していきます。**最後の段階では、必ず印刷して細部の改善ポイントを探します。印刷すると不思議なほど改善点が見つかります。

心に余裕があれば、うまくいく

話すときに一番大切なのは、心に余裕があることです。心の余裕とは、自信があり自然体で相手に接することができる、という状況です。

心に余裕がある状態が、力を一番発揮できます。相手の言葉、表情、ボディランゲッジなどもいち早く理解でき、適切に対応できます。どんなに準備しても、相手がどう出るかを事前に全部読み切ることはできません。話が始まってしまえば、相手の反応あるいは無反応の意味を読み取って、臨機応変にやる必要があります。

先入観を持たず、決めつけず、相手の理解に努めます。相手が想定外の反応を見せても、「ああ、そうなんだ」としばらく付き合います。アクティブリスニングによって、想定外と感じたことが必ずしもそうではない、とわかります。

心の余裕を持つためには、いろいろ工夫できることがあります。

❶何度も練習する
❷実際の場に近い形で予行演習をする
❸相手の立場で20ページほどA4メモ書きをする
❹最悪のシナリオを想定してみる
❺ミーティングの少し前に現地に到着しておく
❻ミーティングのあとに予定を入れない

大切なところですので、一つひとつ説明していきます。

❶何度も練習する

物事を進めるために話をするのは、決して簡単なことではありません。相手があることですし、利害関係もあります。ピアノの発表会、カラオケ大会、講演会などと同じく、何度も練習することが大切なのは言うまでもありません。「物事を進めるために話をする」ことも、練習する価値があります。

ここまでやった、こんなに努力した、もう思い残すことは何もない、となると、心の余裕が生まれてきます。多分、ほとんどの方はあまり練習せずぶっつけ本番で行かれることが多いと思いますが、**慣れないうちは繰り返し練習したほうがいいで**す。その積み重ねがあとになって効いてきます。

❷ 実際の場に近い形で予行演習をする

練習をする際、できるだけ実際の場に近い形で予行演習をするといいでしょう。

例えば、先方の役員会で社長、副社長、常務、取締役3人の計6人に提案をする場合は、同僚などに依頼してその6人の役をやってもらい、彼らに対して提案する場を設定します。その場合、社長、副社長などの役職を紙にマジックで大きく書き、座った席の前に置きます。質問も、その立場に沿った質問をしてもらいます。

　恥ずかしがらずに、できるだけきちんとやってもらってください。練習するこちらも、6人の役をするほうもどちらも大変勉強になります。相手の社長、副社長などのそれぞれの性格は通常わかりませんし、お互いの関係や雰囲気もわかりませんが、その立場で座ってもらって真剣に説明し、質疑応答まで練習しておく、ということが心の余裕になります。

　もちろん事前情報として、社長がものすごく理詰めであるとか、とぼけているとか、役員の1人が大変に細かいなどとわかっていれば、それに沿った言動をしてもらいます。要はわかる範囲で役を演じてもらい、心の準備をしておく、という考え方です。

　社内で、新しい事業案を新事業検討会に提案する場合なども、このような設定で予行演習をしておいたほうが、心の余裕が得られます。どんなスポーツでも、本番の試合の前にいくつかに分けた練習をし、練習試合をしますよね。それと同じです。

❸相手の立場で20ページほどA4メモ書きをする

相手の立場で20ページほどA4メモ書きをしておくと、ずいぶんいろいろなことがわかります。例えば、さきほどの例の場合、先方の社長の立場で、次のようなタイトルのA4メモ書きをします。

・社長としては、この提案の何が一番気になるか
・社長としては、この提案のどこが素晴らしいと思うか
・社長としては、こういう提案をされたことをどう感じるか
・社長は、どういう説明だと通しやすいか
・社長は、どういう説明だと理解しづらいか
・社長がこの提案に合意してくれないとしたら、何が懸念か
・社長としては、この提案を社内で通すときのボトルネックは?
・社長は、先代社長の意見をどのくらい気にしているか

・社長は、自分（提案者）のことをどう見るか
・社長の悩みはそもそも何なのか
・社長の最大の関心事は何か
・社長はこの提案に合意したあと、どう実行してくれそうか

　このような形で20ページほど書き続けると、書かずに想像だけしているよりは数段深く考えることができます。先方の立場で見ると改善の余地に気づきますし、心の余裕も生まれます。

　また、嫌なことがあるとずっとそれを引きずりがちですが、多面的な書き方では書き出していくと、先方の立場で見ることができるため、わずか20分、20ページほど書くことでかなりすっきりします。言い争いをした相手の立場で書くとか、自信がなくて困っている同僚の立場で書くとか、などですね。

　すっきりするだけではなく、相手の立場や考え方、いいと思うことや許せないことなどを客観視できるようになります。そうすると、問題解決に大きく近づくこと

ができます。

❹最悪のシナリオを想定してみる

最悪のシナリオを想定しておくことも大切です。だいたいこうなりそうだと見えてくると心の余裕ができるからです。さきほどの例で考えてみましょう。

最悪のシナリオⒶ
話し始めて5分で社長が怒り出した

対策は、「申し訳ありません。お怒りの理由をぜひお聞かせください。できる範囲のことをさせていただきます」と陳謝し、そこからはアクティブリスニングに徹します。

アクティブリスニングに際しては、恐縮して謝罪し続けたり、反論を考えたりするのではなく、社長の言葉を一つひとつ真剣に聞き、理解に努めます。そこからヒントが得られます。謝罪し続けると、こちらが過剰に卑屈になってしまいます。反論を考えながら聞くと、その気持ちが伝わってしまい火に油を注ぐことになる上、社長の真意を読み損ねるリスクもあります。過去に何かの不始末や、想定外の理由がある可能性も考え、感情的にならずに、まずは聞くことに徹します。

最悪のシナリオⒷ
15分ほど提案したところで突然、先方の経営者から「もう結構です。弊社の経営方針と全く噛み合いませんので、お引き取りください」と言われた

対策は、「そうでしたか。それは大変に失礼しました。どのあたりが御社の経営方針と噛み合いませんでしたか。ぜひともご教示ください。お願いします」と、あわてず騒がず、冷静に聞きます。あからさまにがっかりしてもしょうがありません

し、失礼な態度にこちらが腹を立ててしまったら話がそこで終わってしまいますので、丁寧にたずねるしかありません。

先方が誤解していることもありますし、こちらの配慮が不足していたかもしれませんので、簡単にあきらめるわけにはいきません。実際、挽回のチャンスはいくらでもあります。

❺ミーティングの少し前に現地に到着しておく

単純なことですが、ミーティングの少し前に現地に到着しておくことも大切です。10分程度早めに到着するほうが、安心です。

もちろん、雨の日や少し遠い場合は、30分前がいいでしょうね。ちょっとしたことのようですが、場合によっては命取りになることもあります。いつもぎりぎりか遅刻してくる人がいますが、リスクが大きすぎます。

❻ミーティングのあとに予定を入れない

これも単純なことですが、重要なミーティングのあとに予定を入れないことも、心の余裕を保つ上で大切です。話がこじれてミーティングが延びることもありますし、うまく進んで先方から会食に誘われることも少なくありません。会食に進んでから本音の話が出てくることも、二次会で初めて打ち解けることもあります。

海外、特に韓国・中国・台湾・インドネシアなどではこのあたりをうまくこなすことが重要になります。もちろん、誘われるかもしれないと思って予定を空けていたら誘われなかったということもよくありますが、時間が浮いた、よかったと思うようにしています。

わずか15分のロールプレイングで劇的に改善する

同僚2人に依頼して、3人でロールプレイングをやるとわずか15分ほどで大変よい準備ができます（119ページ 図3参照）。

1人は話を聞いてプレゼンを受ける役、1人はプレゼンして依頼する役、最後の1人はオブザーバーとして、双方のやりとりを観察します。

3分間、本番さながらにプレゼンをします。話を聞く側もそれらしく質問や突っ込みをするとよいでしょう。3分したらフィードバックタイムとします。フィードバックタイムでは、オブザーバー、プレゼンを受ける側、プレゼンして依頼する側の3人が合計2分で発見・感想を伝え合います。

2分したら時計右回りで役割交代をし、3回繰り返すと合計15分で終わります。

これで、どうすればもっと効果的にプレゼンできるのか、話せるのか、ずいぶん多くのことが見えてきます。

「15分で何ができる」と思わずに、ぜひ一度やってみてください。これは価値がある、とすぐに気づかれると思います。このロールプレイングのやり方は、世界最速の1つではないかと自負しています。

以前はロールプレイングの準備をものすごく丁寧にして、台本も書き、1回あたり15分以上かけて延々とやっていました。でも、そのやり方には多くの欠点がありました。準備に時間をとられすぎる、わざとらしくなっていく、同じ立場だと発見がそれほど多いわけではない、などです。ロールプレイングを実施するワークショップの時間が限られていたこともあり、1回あたり15分から、10分に減らしても問題なく回る、7分、5分、と減らした結果、今の3分に短縮できました。

ロールプレイングを3分のみ、フィードバックを2分のみ、これを3セット実施することで、3人とも「プレゼンする側」「受ける側」「オブザーバー」の3役を15分で経験できます。短すぎる点は否定できませんが、立場を変えることによる発見と、オブザーバー役でロールプレイングをしている2人を観察してフィードバックすることの価値が大変大きいので、実際はこれでほぼ十分です。ロールプレイングを5分以上にすると、おそらくだれると思います。

私は年間100回ほどワークショップを実施しており、大半でこのロールプレイングを実施し、大変に好評です。

「怒りっぽいクライアントの社長に提案する」「短気で有名な役員に新事業の相談をする」「できない部下にコーチングする」「どういう状況でもアクティブリスニングを徹底する」など、普通できない経験が短時間でできます。

図3 ロールプレイング

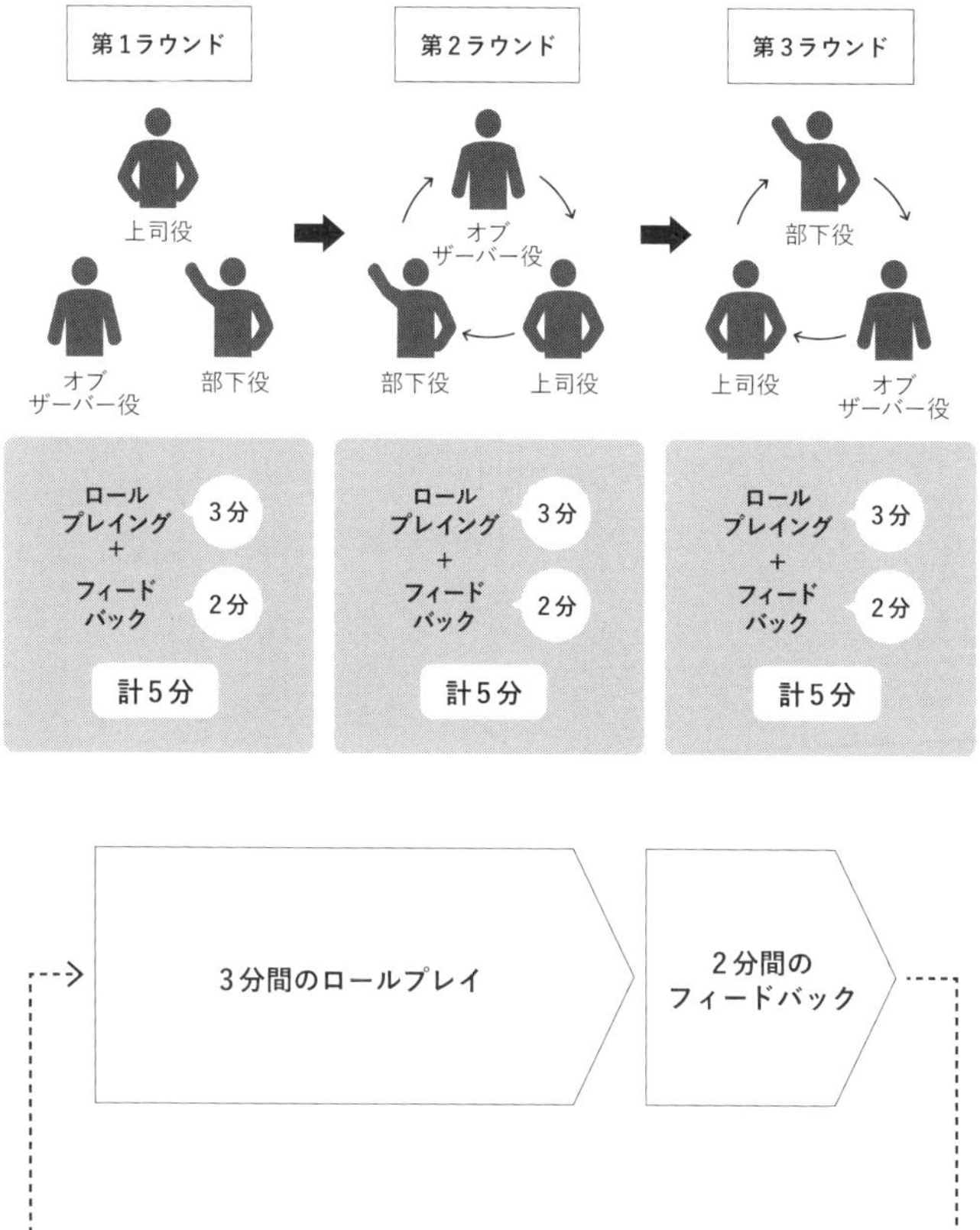

第1ラウンド
上司役
オブザーバー役
部下役
ロールプレイング + フィードバック
3分
2分
計5分
第2ラウンド
オブザーバー役
部下役
上司役
ロールプレイング + フィードバック
3分
2分
計5分
第3ラウンド
部下役
上司役
オブザーバー役
ロールプレイング + フィードバック
3分
2分
計5分
3分間のロールプレイ
2分間のフィードバック
3ラウンド繰り返す
〈計15分〉

［コラム］ 服装、ヘアスタイル

服装に関してですが、相手にある程度合わせるのがビジネス上は常識かと思います。特にお願いする立場の場合は、業界・相手の状況に合わせつつ、若干控えめにしたほうがいいでしょう。服装で目立つのではなく、人としての素晴らしさや話の素晴らしさで目立ったほうがいいです。

出張時は、海外であればそこの習慣を事前に聞いてなるべく合わせるようにしています。インドやベトナムに毎月出張していたので、空港に到着後、トイレで服を着替えたりもしました。日本より気温が5～10度高く、長袖だと暑すぎるし、浮いてしまうからです。南北に長い国であれば、国の北と南でも違います。シリコンバレーであれば、スマートカジュアルが普通です。日本からの出張者がぞろぞろスーツで歩いていると若干違和感があります。

ヘアスタイルに関しても同様です。人それぞれ勝手なので自分のやりたいようにやる、という考えもありますが、これから何かを話して同意してもらおうとしているのに、相手から見てやや奇抜な印象を与えてしまうのは、必ずしも得策ではないのかなと考えています。

保守的にしたほうがいいということではありませんが、違和感を与えるようなことは避けておいたほうが、安心して切り込めると思います。

理解・実行チェックリスト

□誰に話すのかによって事前準備はがらっと変わる
□落としどころの目星をつけておくことで、現実的な解を探る
□人間関係をある程度はつくっておけるかどうかで雲泥の差となる
□効果的な資料を最小限用意するが、使わないほうがよいときもある
□ロールプレイングにより、15分程度で相手への理解が大いに深まる

おすすめするA4メモ タイトル例

・上司への苦手意識をどうやったらなくせるか
・上司の悩みは何か。どういうプレッシャーを受けているか
・どうやって人間関係をしっかりとつくっておけるのか
・最小限の資料作成ですませるには、どうすればよいか

・どういうとき、心の余裕を持てるか

Communication for Action

第 3 章

「仕切り」共感で、相手を動かす

chapter 3

Empathic Facilitation for Action

通常の進め方と「仕切り」は何が違うのか

通常の進め方では、こちらの思いを伝え、何とか受け入れてもらおうとすると思います。それで通るときは何の問題もないのですが、なかなかそうはいきません。相手には、こちらの思いを受け入れる義理は特にないので、メリットがあれば合意するし、メリットがなければ「お引き取りください」となって、それで終わってしまいます。

本書でご説明している「仕切り」はそれとは全く別で、相手の会議をうまくリードしたり、外堀を埋めて合意するしかないようにしたり、「こちらの望む方向に相手あるいは相手のチームを動かしていくこと」です。

雑談の効能

ミーティングの最初に相手と挨拶をしたら、すぐ本題に入る人がいると思います。私もその傾向があるので気をつけていますが、反省することが多いです。

すぐ本題に入るとよくない理由は、そういう進め方を唐突に感じる人のほうが多く、ぎこちなくなってしまうからです。そうなると、本題を進めづらくなるので気をつけたほうがいいと考えています。

マッキンゼー時代に韓国で10年、最近はインドで3年間、仕事をしていましたが、あちらでは間違いなく最初の15~20分はよもやま話になります。もっと長い場合もあり、次の予定が入っている場合は、気が気ではありません。このまま本題と違うことを話していていいのかなと不安になりますが、「郷に入っては郷に従う」べきだと思い、何とか合わせていました。

ただ、雑談には確実にメリットもあります。**お互いのことをよりよく知ることができますので、無駄にはなりません。**「これが大切なんだ」「あせるからいけないんだ」と自分に言い聞かせていました。

私が好んで話していたのは、文化、風習、考え方などの違いや、家族などに関してです。インド人にとって重要なお祭りの話や、新紙幣発行、排ガス規制対応の苦労などを会長や社長と話す中で、距離が近づくのを感じていました。自分へのいましめとして、雑談を重視していきたいと、今、改めて感じています。

スピードや、生産性を重視するあまり雑談の効能を無視したり、切り捨ててしまいがちな方は一度、雑談には意味があると考えて、時間をとってみてください。きっと、相手との関係が意外に深まり、仕事しやすくなることに気づかれることでしょう。結果として、スピードも生産性も上がっていきます。

最初は相手が聞きたいことから

いきなり提案してはいけない

雑談がひと通り終わり、本題に入る場合、「さて、今日お伺いしましたのは」「さて、今回の件ですが」と切り出します。

切り出すのは本題に入るためですが、決してすぐ提案してはいけません。あくまで、相手が何か聞きたいことがあるかも知れないので、それに100%答えていきます。こちらから何かを言わないと間がもたないとか、「早く言わないと」と思いがちですが、そんなことは全くありません。落ち着いて、まずは相手の話に耳を傾けます。

相手は、これを聞いていいのかどうかと躊躇している場合もありますので、10秒とか15秒、相手が何も言われなくても、あせってこちらから話し始めることはありません。そうすると、何を聞きたいのか想像しつつ、待つことになります。想像しても当たらないことが多いので、のんびりしているくらいがちょうどいいです。コンサルティングの成果について正されるのかと思って心配していたら、全然関係のない話だったり、プロジェクトの継続の話だったり、ほぼ、はずれますね。ここまで丁寧かつ慎重にするのは、一方的だという印象を与えないためと、より説得力を持った形で進めていくために、相手の話をまず聞いたほうが確実によいからです。

まず、誠意を持って丁寧に答える

ぽつりぽつり質問が出てきたら、誠意を持って丁寧に答えます。「誠意を持って丁寧に」といっても、決して簡単ではありません。「これを言っていいのだろうか」「どちらから説明しようか」「今言うべきだろうか」ということが気になって、重要なことほど躊躇しがちです。「不適切な言い方をして、相手が気分を害さないだろうか」とか、「余計なことを言ってしまわないだろうか」とかも気になります。

こうしたことは気にすればするほど、たどたどしくなって墓穴を掘りがちですので、遠慮せず、考えすぎずに話してしまうほうがいいでしょう。

受け答えが苦手な場合の対処法

こういう会話が苦手な方にはいくつかのタイプがあるかもしれません。

タイプ❶ あがってしまう方

あがってしまう方は、何を聞かれるのかわからない、聞かれたらどうしたらいいかわからないということで、一気に頭が真っ白になってしまうのだろうと思います。

これを避けるには、聞かれそうなこと20～30個をA４メモのタイトルに書き、その後それぞれ1分ずつで書き出しておくと、楽に答えられるようになります。

タイプ❷ 頭がもやもやして、どこから話せばいいのかわからなくなってしまう方

頭がもやもやしてどこから話せばいいのかわからなくなってしまう方は、ミーティングの目的、相手から予想される反応、どうしても伝えたいこと、切り出し方など、ミーティングのシナリオを事前に1ページにまとめておくことで、スムーズに答えられるようになります。

タイプ❸ 相手の反応が気になって気になって、固まってしまう方

相手の反応が気になって気になって、固まってしまう方は、「相手がどう言おうと、世界が終わるわけではない、だめなら次いこ次！ でいいんだ」と考えてください。誰もが一度は直面する壁ですが、大した壁ではありません。

質問には、質問で返してはいけない

1つ注意すべきことがあります。コミュニケーションに自信を持っている方が、質問に質問で返す「テクニック」を使う場合です。「～はどう思われますか？」という質問に答えず、「あなたはその件どう思われますか？」と切り返すやり方です。立て板に水的な方、手慣れた（と本人は思っている）方に比較的多く見受けられますが、あまりおすすめできません。

相手は「質問にはまず答えてほしい。質問に質問で返さないでほしい」と感じます。あまり問題にならないこともありますが、基本やらないほうがいいです。

このテクニックを使いたがる人には多分2種類いて、答えがないのをごまかそうとする人と、答えると不適切なことを言ってしまうので避けようとする人がいるのだろうと思います。前者は、隠そうとしても隠し通せるものではないし、そういうやり方をしていると安易な姿勢なので、成長しなくなります。後者は、慎重であり、外部からの批判に敏感な人かも知れませんが、言うべきことを避けるので不信感を持たれますし、まとまるものもまとまらなくなります。

時間がなくなってしまう問題への対処法

最後に、「最初は相手が聞きたいことから」ということで質問に丁寧に答えすぎると、時間がなくなってしまう、という問題が起こります。丁寧な答えで相手からの信頼が厚くなる一方、時間がなくなっても困るので、性急でない範囲で「端的に、要領よく、的確に」答えます。

このあたりは会話をしていて、

・相手がますます乗り気になってきた→テンポを上げて合わせる
・相手に響かなかった→二の矢、三の矢を繰り出して響く点を探る

・熱く言いすぎた　↓　相手も同じく熱くなっていなければ、若干冷静さを取り戻す
・「待ってました」と反応しすぎて、ちょっと引かれた　↓　調子に乗りすぎたので抑える
・反応しづらく、相手を戸惑わせた　↓　よりわかりやすい事例、表現を使う

などと判断しながら、間に合わせていきます。

どのように会話をリードするか

提案を始めるタイミングはいつか？

さて、雑談が終わり、相手の質問にも答え、本番が始まります。ここで意識しておくべきことがいくつかあります。相手の質問のあと、少し間が空いたところで提案を始めます。これより早すぎると性急な印象を与え、あせっているのではないかと思われるのでもったいないです。足元を見られていいことは全くなく、せっかくの提案の魅力が損なわれますので、注意しましょう。

一方、忙しい相手に対してあまりに間をとると、イライラさせてしまうことがあります。このあたりは相手の業務の時間帯や気分によっても変わりますので、内部に聞ける人がいる場合は、少しでも情報収集をしておき、ベストなタイミングを図ります。

話がどう進んでも、相手の話を聞くことが重要

提案を始めたあと、こじれたり、相手がいらだちを見せたりすることがあります。こちらの説明がうまくないとき、提案が理解できないとき、話が噛み合わなくなってしまったときなどです。

こういう場合は、説明しようという気持ちを捨て、即座に相手の話を聞くこと、アクティブリスニングに徹します。理解できない点があれば、丁寧に、ただしつこくないトーンで聞きます。相づちをしっかり打って、こちらがケンカ腰ではない、ということを態度ではっきり伝えます。

話が混乱し、まとまらないときの対処法

どうしても話が混乱し、まとまらないとき、他の人がいる場合は、一度他の人に

話を振って、テンポを変えます。相手も少し落ち着きますし、こちらも心の平静を取り戻すことができます。時間に余裕のあるときは、休憩をお願いしてもいいかも知れません。双方とも冷静になる時間をとり、すり合わせができていたところまで少し戻って、改めて前提条件などを話します。

話が混乱するときは、片方が白、もう一方が黒だと言い張っているというよりは、何かの前提条件が共有されていないとか、何かの制約があるとかのほうが多いと思います。この点を解きほぐします。

相手が感情的になっても、「売り言葉に買い言葉」にしない

こちらが丁寧に説明している際、相手が突然、感情的になることがあります。これは予測不能で、交通事故のようなものです。当然ながら、この場合、100%受け流す必要があります。決して「売り言葉に買い言葉」にしないことです。

もともとこちらがお願いして説明に伺っているわけですから、いくら相手が感情

的になって失礼なことを言ったとしても、真正面から迎え撃っていいことは何もありません。

あくまで冷静に相手の興奮がおさまるのを待ちます。相手もあとで反省したり、恥ずかしく思ったりすることも多いので、こちらが失礼のない態度で対応していれば、再度のミーティングも決してむずかしくはありません。

途中であきらめない、投げ出さない

話がこじれたり、噛み合わなかったりした場合、途中であきらめてしまう人が多いと思います。実は私もそのタイプでした。ただ、経験を積むにつれ、それはもったいないという考えに少しずつ変わっていきました。

大事だからここまで準備して、時間をかけてミーティングに臨んだわけですので、途中であきらめるとか投げ出すなどは意味ないですよね。最終的にうまくいかないことがあるとしても、途中でやめる理由はありません。

相手が合意しても過剰に喜ばない

苦労したミーティングの結果、相手が合意してくれた場合、過剰に喜ばないことが大切です。喜びすぎると、「してやられたのでは」「何か不利な条件を飲まされたのでは」という印象を与えかねないからです。「やっぱりやめた」と言われるリスクがまだありますので、慎重に進めましょう。これは文化による違いよりも、個人個人の振れ幅のほうが大きいかも知れません。相手が素直ならばあまり問題はなく、猜疑心の強いタイプなら注意が必要です。

どのように自分の主張・思いを伝えるか

人を動かすには、自分の主張・思いが相手にとっても意味があり、自分のこととしてとらえていただけるかどうかが鍵になります。そのために大切な点をいくつかお話しします。

自分勝手な主張ではないこと

やはり、「大義」が鍵です。何らかの社会的意義があり、私利私欲に走っているわけではないことが大前提です。そうしなければ共感していただくことはむずかしいです。

大義とは何か。むずかしく考える必要はありません。目安は、胸を張って人に言えるかどうかです。自分の利益のために多少のことには目をつぶってしまいがちなので、要注意です。相手も、こちらも、また対象となる人・企業にとっても素晴らしいというアイデアでなければ、「身勝手な提案」といわれても反論できません。

相手の価値観との一致点を探る

大義を追求する上で、アプローチは1つではありません。意見が必ずしも一致しない場合でも、相手の価値観との一致点は大切です。

相手「今すぐ結論は出せません。いろいろ気になることがありますので」

自分「全体としてはもちろんご検討ください。ただ、留学による人材の育成方針についてはいかがでしょうか」

相手「ああ、その点は、理解しています。私もその点については同感です。いいアイデアだと思います」

自分「よかったです。そこが何と言っても一番大切なところでしたので、考えが一致して本当に嬉しいです」

というような流れになります。そこの確認ができたところで、それ以外の意見のすり合わせに入ります。

自分のこととして、とらえてもらう

自分の主張・思いを伝える上で、一番大切な点は、「自分のこととして、とらえてもらう」ことだと思います。それができれば、当事者意識が高まり、自分と同程度以上の熱心さで動いてくれることも十分考えられるからです。

これを実現するには、きめ細かく情報共有をし、何かの役割を作り、キックオフミーティングなどでは必ずスピーチをしていただき、どんどん巻き込んでいきます。相手から「こうしたらどうか」という提案がいくつか来るようになれば、本物です。

一度でだめなら数回に分けて伝える

話が大きければ大きいほど、一度ですべて伝えようとしないほうが無難です。一度にすべて伝えようとして詰め込みすぎたり、説明を端折ったりして、相手が消化不良になったら元も子もありません。性急さは疑念を生じさせます。「なぜそこまで急ぐのか」「うまく丸め込まれているのではないか」と感じてしまうのです。

対面ミーティングなら十分に時間をとり、相手の納得を得ながら確実に合意形成を図ります。オンラインミーティングなら比較的簡単に設定できますので、例えば

2、3日おきに次回、次々回のミーティングを押さえておきます。

内容以上に、誠意を伝える

提案内容はもちろん大切ですが、実際はさらに大切なものがあります。それが「誠意」です。誠意を見せないと、伝わるものも伝わりません。「立て板に水」である必要はありませんし、多くの場合、懸念を生む場合もありますので、むしろ丁寧に、真心を持って伝えます。

私がここで「誠意」という言葉でお伝えしたいのは、大義があり、利他的であり、相手のことを考えており、裏表のないことです。人によって言うことを変えず、相手のために真剣に提案することです。誠意が伝われば、今回うまくいかなかったとしても、社会的信用が上がり、次回にはうまくいく可能性が大きく高まります。

知ったかぶりは絶対にしない

話をしている中で、決して「知ったかぶりをしない」のが大切です。**知ったかぶりをしていいことは、全くありません。**不誠実で、正直に言えない人だと思われて、信頼を失ってしまいます。

また「自信がない」と思われ、そういう人の話を聞く気はもちろんなくなってしまいます。最悪、いつもいい加減なコミュニケーションをしているのかと判断されて、二度と会ってくれないかもしれません。ましてや他の誰かを紹介してくれることもありませんし、「こいつの言うことを聞くなよ」と先回りして釘を刺されることもあります。いいことは全くないですね。

知らないことは知らないと最初に言ったほうが楽です。相手に詮索をされずにすみますし、相手に余計な気をつかわせなくてすみます。余計な気をつかわせる理由は、相手がこちらに恥をかかせたくないと考え、その場を取り繕ってくれたりするためです。「知ったかぶり」をした瞬間に、相手にはバレていると思ったほうがいいです。事を荒立てないようにさらっと流して、その点には触れないようにしてくれているのです（実際は、「あ、こいつだめなやつだな」「そういうやつなんだな」と見切られています）。

「知ったかぶり」をしないで聞き返す

「知ったかぶり」をするべきではないもう1つの理由は、つじつま合わせをしなくてすむからです。知らないのに知っていると言って突っ込まれたらどうしようとか、気にしながら話を聞くことになるので、頭の回転がさらに悪くなり、うわの空になります。

知らないことを言われた瞬間に、聞き返すのがベストです。何も考えずに、「すみません。それってどういう意味でしょうか。不勉強で申し訳ありません」と聞くだけです。

9割方、それで全く問題ありません。素直に聞けば、むしろ喜んで教えてくれるでしょう。「え？　こんなことも知らないの？」とか若干馬鹿にしながらも、実は結構楽しそうに教えてくれるはずです。たとえ馬鹿にされたとしても、実はこちら側の被害はありません。むしろ、相手をいい気持ちにさせたという意味では得点になったともいえます。

唯一気をつけるべきこと

ただ、唯一気をつけるべきは、業界の常識的な専門用語で、その言葉を知らないのは完全にモグリだと思われる可能性があるときです。

私はマッキンゼーに入社して2年目くらいで英語のミーティングだったのですが、

ある会計用語を知らずに質問してしまったことをいまだに忘れることができません。これだけは、どこからどう考えても皆の前で質問すべきではなかったですね。さっと検索するか、チームメンバーに確認すればすんだことでした。誰も何も言いませんでしたが、あとで考えると、あの質問の瞬間にマッキンゼーチームも、クライアントチームも、全員が「こいつ、ど素人だ。よく恥ずかしくなくここにいるな」と思ったことでしょう。これだけは気をつけるべきでした。

ちなみに、通常、外国人とのミーティングでは、何かを知らなくてもほぼ問題にはなりません。「こんなことを聞いてもいいのだろうか」「こんなことも知らなくて馬鹿だと思われるのではないか」と日本人は気にしますが、外国の人は驚くほど嬉しそうに説明してくれます。知らないことは恥ではないこと、質問することはいいこと、説明する機会があるのは嬉しいこと、こう考えていると思います。

質問には、素早く考え即答する

世の中には素早く考えることができる人と、時間が必要な人がいます。ただ、できるのであれば、質問には即答したほうがいいです。そのほうが、信頼感が高まるからです。ミーティングの生産性も確実に上がります。

ゆっくり考えても回答の質は上がらない

ゆっくり考える人を観察すると、より多く、より深く、より網羅的に考えているというよりは、多くの場合、考えるプロセス、ステップがゆっくり進んでいるだけに見えます。別に質が上がるわけではなく、単に「考えるスピードが遅い」状況です。「時間をかけて考えないとよい考えにならない」と思い込んでおられる方にもよくお会いしますが、言うほど深まっているようには見えません。

時間をかけることに関して、例外はあります。囲碁、将棋、チェスなどの達人は、必要に応じ長考します。ただ、その時間中、すさまじいスピードで頭を回転させながら、手を読み続けています。こういう人の話は別です。

仕事の速い人は考えが浅くなるのか、というと決してそうではありません。考えが速く、仕事が速く、どんどん結果を出していくことができます。クロック周波数の速いCPUが雑な計算をするのではないのと同じで、**素早く、的確に、特にミスなく考えることは、訓練により誰でもできるようになります。**

私はコマツのエンジニアだったときはごく普通でしたが、マッキンゼーに入って徹底的に鍛えられました。マッキンゼーは社外の3倍速いとか言われて、過酷な要求もありました。ただ、やってみるとできないことはなく、それ以降も加速し続けました。スピードアップに味をしめたとも言えます。

マッキンゼーの中で部下が45名に増えたとき、マッキンゼーをやめて部下がゼロになったとき、支援先が10数社になったとき、インドとベトナムに毎月出張しなくてはいけなくなったとき、さらにスピードアップしてしのぎました。この経験から言えることは、**スピードアップには限りがない**ということです。その後も加速しています。多くの方にコーチングして、実際にスピードアップを経験していただいています。誰でも、訓練次第では、考える速さが数倍に上がります。考えの質が落ちるわけではありません。

質問には即答するほうが効果的

私は、質問にはいつも即答します。できる人にはなるべくそれをおすすめします。そのほうが自信が伝わり、会話のテンポが速まって盛り上がりやすいからです。打てば響くようなやりとりになって、意気投合もしやすくなります。

今そこまで即答できない人でも、意識して取り組んでいると、どんどん速くなり

ます。最初は言い間違えることが心配だとは思いますが、あまり気にせず、チャレンジし続けてください。多分、意外なほど言い間違えないと思います。これまでゆっくり考え、噛みしめながら、あるいは躊躇しながら話をしていただけで、頭の回転の速さとは関係ありません。ですから、それを速めることは大してむずかしくないです。

『ゼロ秒思考』のA4メモ書きを毎日10～20ページ、各4～6行、それぞれ15～20字を各1分で書いていると、即答力はさらに増します。

相手のペースがゆっくりな場合はどうするか?

相手のペースがゆっくりな場合は合わせますが、こちらの発言まで遅くする必要はありません。相手のゆっくりした発言を丁寧に聞き、最後まで聞き出して、それから煽らないように気をつけながら、ずばっと言うべきことを言えばいいです。あせらせるような雰囲気を出さないかぎり、いい感じのキャッチボールになりやすいと思います。その場のエネルギーレベルが上がります。

相手の言葉を繰り返す

相手の発言内容をその場で確認すると、きちんと聞いてくれていると相手も安心します。いつもやる必要はありませんが、大事な部分に対しては効果的です。

例えば、

相手　「私はこの件は、早めに会議を開いて問題点を共有したほうがいいと思うんですよね」

自分「なるほど、早めに会議を開いて問題点を共有するということですね」

相手「そうなんです。そうすれば、問題が深刻になる前にくい止められると思います」

自分「そうですね。問題の深刻化を抑えられればいいですね」

相手「そうですよね。そういう方向で検討してみましょうか」

自分「はい、それがいいと思います。いい案を考えていただけてよかったです」

といった感じで、同意を得るときにはこのくらいでちょうどよいと思います。少し言い換えるだけで、話がより前に進んでいきます。

慣れるまでは、若干わざとらしいと感じられるかもしれませんが、そんなことは決してありません。真剣に話を聞いて、確認しているだけですので、相手はむしろ調子が出てきます。相手の言葉を繰り返すと、丁寧に、本気で聞いている、という姿勢がしっかり伝わります。

人と話すときは、どちらかというと漫才のかけ合いのようにするほうが、テンポが上がります。意気投合しやすくなります。そのためにも、間を空けずに相手の言葉を繰り返し、どんどんテンポを上げていくほうがよいと考えています。うまく進むミーティングは、いつもこういう形になりますね。

もちろん、テンポが全く上がらない人もいますが、それはそれでしょうがありません。こちらが前向きであれば、相手もそのうちに乗ってきてくれると思います。

決して言い負かさない

話をするとき、相手を決して言い負かさないことが大切です。言い負かすと、相手は大変に嫌な気持ちになりますし、こちらも心が乱れて、しばらくは平常心を失ってしまいます。比較的自然体が身についている私でも、後々まで影響します。話をする目的は、こちらの主張に同意してもらうことであり、言い負かすためではありません。論破などもってのほかです。**相手が合意し、結果としてこちらの望む方向に動いてもらえれば、それで十分です。**ときどき、相手を言い負かすことに喜びを見いだしている人がいますが、意味がありません。

人と話すのは、勝ち負けを決めるためではありません。楽しみだけの会話ではなく、ある目的をもった会話の場合、こちらの気持ちと事情を伝え、合意してもらい、何かの行動を起こしてもらうために話しています。

ＩｏＴとＡＩの時代になれば、言葉の暴力、言葉による威圧を自動的に見つけ出して警告するなどは、容易です。そういうログを取る会社が急速に増えていきます。そこまでいかなくても、何もいいことがないので、言い負かすのはやめたほうがいいです。思うように物事が進まないだけではなく、しこりとなって邪魔をされるなど、あとになってトラブルが起こりやすいのです。

お互いに言い合ってようやく勝負がついたとき、どうしても最後のひと言を言いたくなりますが、これもやめておきましょう。どう考えても不必要ですし、将来の紛争のネタになりかねません。私も余計なひと言を言わなかったか、いつも注意しています。

論破ではなく、共感

相手の発言をわけがわからないと感じると、どうしても論破してしまいたくなります。そのときは、**相手がなぜそういうことを言うのか、わけがわからないことを言うのか、その心情を理解し、共感しようとしてみてください。**論破したい気持ちがかなりおさまるはずです。

特に話の通じない人でないかぎり、わけがわからないことを言うのには理由があります。

❶ 話の前提が違う

それぞれの役割に対して誤解があったり説明不足があったりするときは、話の前提が違うので、わけがわからないことを言うように見えます。結論は違ってきます。当然、こちらが悪いこともよくあります。お互い熱くなっていると、おかしいなと思いながらも、話の前提を途中で確認できず、衝突が激しくなることがあります。

❷ 根本的な価値観が噛み合わない

主義主張があまりにも違う組織間では、よほど相手の立場に立たないと、わけがわからなくなります。大前提が違うので、「活動のねらい」「活動内容」「協力」「広報」などの言葉の意味する内容に大きくギャップが生まれやすいのです。例えば、「協力」という言葉であれば、一方は「一緒にやること、対等な関係でお互いフェアに貢献しあうこと」であり、もう一方は「依頼した側がほとんどやり、依頼された側は頼まれた範囲で最低限お付き合いすること」と考えていたりするのです。

❸ 相手の社内で話が通っていない

組織内の風通しが悪いとよく起きます。経営トップと快く合意した場合でも、前向きに話が進んでいる、少なくとも伝わっているという前提で話を進めないほうがいいでしょう。むしろ話が全く通っていない、ということがよくあるので、かみ合わないことをお互い話すはめになってしまうからです。

❹ こちらの社内で話がずれている

実は自分の聞いていた話が間違っていることもよくあります。相手の話を一度聞いてみないと、本当のところはわかりません。社内できちんと話が伝わっておらず、断片的に伝わっているとか、もっとも大事な前提条件のところだけ抜けているといったことがよくあります。社内の不満分子が話をなし崩しにしようと画策することもしばしば起きます。

これらの状況では、相手の立場になりきって〝体〟で感じるほうがいいです。百歩譲って、いったん相手の考えのベースを探ります。何かの問題があったかも知れませんし、こちらに落ち度がある場合もあるからです。そうやって考え方を組み立て直し、どうであれば一致点を見いだせるのか、共感できるのかを考えてみて、そこから再出発します。

「こうだからこうだよね」「こうだったら、ああだよね」と**推論する力自体はすべての人に備わっていて、それなりに正しいと思います。**

ただそこに主義主張、価値観、利害関係、過去の確執などが絡むと相手とずれてしまいがちです。共感した上で考えられると、意見が一致しない理由を考えようとしますし、結果として、理解、共感しやすくなります。大切なのは、「話すことは勝ち負けではない」「しっかり話せば、一致点を見いだせる」という考え方です。

相手の気持ちに寄り添う

共感に加えて、「相手の気持ちに寄り添う」という感覚、心の持ちようも重要だと考えています。共感するのはもちろん大切で素晴らしいことですが、**もう一歩進んで、相手の気持ちをくみとり、文字通り、寄り添う感じ**です。

いくつかの例を考えてみたいと思います。

提案先のメンバーの一人がコンタクトしてきたとき

どんなに忙しくてもすぐ時間をとって、ＬＩＮＥ電話などで話を聞くのが「相手の気持ちに寄り添う」ことになります。こういう場合、かなり迷い、あれこれ考えた上で連絡してくるものなので、翌日に何かの締め切りがあっても最優先で対応したほうがいいです。

どうも話が噛み合わないと感じるとき

「こいつとは話ができない」「嫌なやつだなあ」と思うのではなく、「あれ、どうしたのかな」「よくわからないから、ゆっくり話を聞いてみよう」といったん前向きにとらえるのが「相手の気持ちに寄り添う」努力ではないかと思います。寄り添えるかどうかは状況次第ですが、脊髄反射的に反発しないことが大切です。

違う意見を述べても、さらに強く上から被せてくるとき

むっとするのではなく、「どうしてこの人は他人の話を聞かず、一方的に持論を押し通そうとするのだろう。きっと何かわけがあるに違いない。どういうトラウマがあるのだろう」と考え、いったん聞く姿勢に徹底することも効果的だと思います。聞いていくうちに、相手が落ち着いてくるなら、相手の気持ちに少しだけでも寄り添うことができます。

気持ちに寄り添うことができれば、相手の傷ついた気持ちが少なからず回復方向

に向かい、関係の改善が期待できます。自分へのプレッシャーや理不尽さも減り、相手への理解が進んで、合意できる方向が見えてきます。

自己中心的な考え方をなくす努力をする

もし自己中心的な見方が身にしみついていると、相手の気持ちに寄り添うなどと夢にも思わないでしょう。前の例を見ても意味がよくわからないかも知れません。誰でも、多少は自己中心的なところがあります。それは避けられませんが、決して自慢できることではないので、普段からなくす努力をしておくほうがいいです。

具体的には、次の6つの方法がおすすめです。

❶ 本を読んで、いろいろな考え方を知る

自己中心的な考え方は単にわがままの場合もありますが、他の人の物の考え方を知らないため、視野が狭いことが多々あります。自己中心的であるつもりは全くないのに、ギャップを感じるのはこういう場合が多いかも知れません。これを解決するためにどうしても必要なのが読書です。読書により、いろいろな立場の人がいろいろな考え方をしていることを一番簡単に知ることができます。読書としては、小説でも、ノンフィクションでも関心のある分野で大丈夫です。

❷ いつも、相手の立場で物を考え、想像し、行動する

自分では自己中心的に行動しているつもりが全くないのに、周囲の人からそう指摘されて気落ちしている方も多いでしょう。これは本人の問題もありますが、過去

の上司や先輩が遠慮して甘やかした結果かも知れません。指摘に食ってかかったりして面倒くさいやつと思われると、指摘すらされなくなります。

❸自己中心的な言動に対して注意してくれるよう、同僚、家族に依頼する

自己中心的な言動があると自覚していても、なかなか止められない場合は、同僚や家族に依頼して、その場で注意してもらうといいです。ただ、彼らが注意した際に少しでも嫌な顔をすると、すぐ注意してくれなくなりますので我慢が必要です。

自己中心的な人は我慢がなさすぎるのかもしれません。そのままでいいことは全くないので、自覚のある方は、この際、チャレンジしてみるとよいかも知れません。「無理だ、それができたら苦労しない」と思われるかも知れませんが、自分を甘やかし続けてもあまりいいことはありません。

どうしてもだめだと思うなら、自己中心的な言動が目立つ仲間を4、5人集めて、お互いに注意しあうという方法もあります。腹は立つかもしれませんが、人のアラは見えやすいので、多くの気づきがあります。

❹自己中心的な言動をしていないか、Ａ４メモを多面的に書いてみる

相手の立場で物を考え、想像するのはそれほど簡単なことではありません。普段の自分と違うことをするので、意識し続けることがむずかしいからです。そこでおすすめしたいのがＡ４メモです。自己中心的な言動をしていないか、Ａ４メモを多面的に書いてみるとはっきり見えてきます。多面的というのは、こちらからあちらからいろいろな角度で見ることです。

例えば、

・どういうとき、自分は自己中心的なのか
・どういうとき、自分は自己中心的だと言われるのか
・自己中心的と言われると何がまずいのか
・自己中心的でない人はどういう言動をしているのか

・自己中心的でない人はどうやってそれを維持しているのか
・さきほどの行動は自己中心的ではなかったか
・自己中心的な行動をしたあと、どう感じたか
・自己中心的な行動をせずにすんだとき、どう感じたか
・自分にとって「自己中心的」とはどういうことなのか
・いつから自己中心的になったか

などです。10〜20ページ一気に書くと、いろいろ気づきます。

❺ 自己中心的な人とそうでない人についてアイデアメモを書いて、他の人と説明しあう（所要時間10分）

同僚・友人と一緒に、お互いが知っている自己中心的な人についてアイデアメモを3分で書き、2分で説明しあいます。その次にお互いが知っている自己中心的ではない人についても同様にします。合計10分で多くの発見があります（図4参照）。

❻同僚2人に依頼をして、3人でロールプレイングを実施する（所要時間15分）

自己中心的な自分役、自己中心的ではない同僚役、オブザーバー役の3つの役割でロールプレイングを実施します。ロールプレイングは3分で、終了後、2分でフィードバックします。フィードバックはオブザーバー役の人から、次に同僚役の人から、最後に自分役の人から行い、5分で1ラウンド終わります。

時計右回りで役割交代をして、合計3ラウンド実施すると15分で3つの役割とも経験できるため、多くの発見があります。

自己中心的でいいことはありませんし、努力次第でいくらでも改善できます。仕事でも、プライベートでも、ストレスが減り、嫌な気分になることが減り、物事がスムーズに進むようになります。

図4a　自己中心的な人（　　　　さん）

1. 彼／彼女は、どういう点が自己中心的なのか

—

—

—

—

2. 彼／彼女は、どうしてそんなに自己中心的なのか

—

—

—

—

3. 彼／彼女が自己中心的で、皆はどういう迷惑をこうむったか

—

—

—

—

4. 彼／彼女は、なぜ自分が自己中心的だと思わないのだろうか

—

—

—

—

図4b　自己中心的では全くない人（　　　　　さん）

1. 彼／彼女は、なぜ自己中心的ではないのか

—
—
—
—

2. 彼／彼女は、自分の利益、自分にとっての都合のよさを優先したくないのだろうか

—
—
—
—

3. 彼／彼女は、人の利益、人の都合を優先して嫌になることはないのだろうか

—
—
—
—

4. 彼／彼女は、どういう生まれ、生い立ち、環境からこうなったのだろうか

—
—
—
—

説得ではなく、納得

物事を前に進めようとするあまり、相手を説得したいと思いがちです。ただ、「説得」という言葉には、「反論できないように言い負かす」「言いくるめる」という語感があります。

それよりは、相手に納得してもらえるともっと前向きに進みます。「納得」であれば、心に響いて、相手のペースでしっかりと把握していただき、腑に落ちてもらった感じがします。私も、いつも説得ではなく、納得していただくように心がけています。簡単ではありませんが、そのほうがスムーズに進みます。

もちろん、納得といっても、「状況を考えて、まあ納得できるかな」という程度のものもあれば、「心の底から納得した。ぜひやろう」というものもあります。

相手に納得してもらうには？

とはいえ、どうしたらこちらの主張を伝えるとき、説得ではなく納得してもらえるのでしょうか。

まずは、**相手の本音をしっかりと聞きます。**意見をうまく言えない人、意見を言うことを躊躇する人が多いので、アクティブリスニングで十二分に聞き出していきます。何かを想像しながら聞くとか、こちらから何か言おうと考えながら聞くのではなく、本気で、誠心誠意、耳を傾けます。相手はこちらが本気で聞こうとしているかどうかがわかるので、表面だけ繕っても伝わってしまいます。

次に、もともとこちらから言おうと思っていたことを、今聞いた相手の気持ち、事情を反映して、どう修正できるか考えます。聞きながら考えると、うわの空になりがちなので、聞くときはまずそれに集中して、おおよそ見えてきたあと、考え始めます。最初から相手の反応を数シナリオ想定し、想定問答を準備しておくと、その場であわてずにすみます。

そのあと、初めてこちらの伝えたかったこと、お願いしたかったことを威圧感がないように気をつけながら話していきます。すでに先方は警戒していますので、細心の注意を払います。こちらが正義だと思うと、批判的なトーンが出る上、感情的になりがちなので、十分に気をつけましょう。相手は過敏になっていることが多いので、微妙なニュアンスはすべて気づかれるし、決して隠せないと思ってください。

こちらが説明したあと、相手から弁解や反論があります。**相手の言い分を細部ではなるべく多く認めて安心してもらいます。**

例えば、

「なるほど、その点はおっしゃる通りですね」

「こちらの点も意味はよくわかります。合意します」

「ご指摘の点、十分理解しました。変更案に合意します」

といったように、細かい点を多数合意することで、相手の姿勢が前向きになっていきます。そうしながら大筋ではこちらのシナリオ通りに合意していただくように進めていきます。

これを何往復か繰り返していくと、相手が話の通じる人であれば、それなりの線で納得していただけます。こちらの提案のおかしな部分、一方的な部分が適度に修正され、双方にとってベストな案になります。

自分と話が通じない人の対処法

共感や納得を心がけても、話が通じないと感じられる人にはどうしたらいいでしょうか。

原則として、**話が通じないと感じる人とはあまり接触したり、交渉したりしないほうがいい**です。その場は何とか合意ができても、あとで蒸し返されたり、だまされたと言われたり、「やっぱり元の条件に戻せ」とちゃぶ台返しをされたり、トラブルが起こりがちです。「道理が通らない人」「話がわからない人」「まともに会話できない人」「突然激怒する人」とはなるべく接点を持たないことが鉄則です。

最初からそれがわかっている場合は、他の意味で魅力的でも物事を一緒に進めようとすべきではありません。あとで必ず揉めて、後悔します。

問題は、コンタクトしてミーティングしている最中にそれがわかったときです。こちらの説明が悪くて相手が怒り出すことがありますので、その場合は陳謝します。もちろんそうならないよう、微妙な雰囲気になったときはひたすらアクティブリスニングをして、原因を探り対応します。

それでも難しい場合は、条件が合わないといった理由をつけて、早々に退散することです。逃げ出すのが最優先です。会うべきでない人に会ってしまったのですから。ただ、こちらの提案に相手が魅力を感じたり、隙を見つけられたりすると大変なことになります。

そうなると、ああだこうだ言って引き留めようとしてきます。これ以上話を続けようとしないことに対して激怒し、落とし前を要求してくることも普通にあります。もし相手が怒ってしまったら、ひたすら謝り、何も約束せずに逃げ帰ってくるしかありません。無理な場合は、最小限の支払いを飲まざるをえないこともあります。

ここまでひどくなくても、まともな議論にはならない場合、戦える武器をかき集めてベストを尽くします。結果はなるようになる、としか言えませんが、どうなろうとあまり気にしないようにします。相手があることなので、いつも思い通りにはいきません。この切り替えが大切です。

話しながら味方をつくる

話しながら、相手を味方に引き入れていくことができれば、話はうまくまとまる可能性が高くなります。

1対1の場合は、相手次第

1対1の場合、交渉当事者で、「自分が最後の砦だ」と考えている相手を簡単に味方に引き入れていくことはできません。最初から「言われたまま同意したら負け」「条件交渉に勝たなければ」という心情になっていることが多いからです。この場合は、相手の価値観、前提条件、制約条件、合意の最低ラインなどを最初にできるだけ聞き出して、対策を練ります。話に集中して本気で聞きながら、対策も考えなければならないので、かなり大変です。

「最初にできるだけ聞き出す」といっても、話を聞くことすらむずかしいことも少なくありません。態度が硬化していて、なかなか本音を話してくれないからです。仕込みが大事なのは、この理由からです。仕込み不足の場合は、急遽、誰か相手にとって重要人物から紹介してもらう、ひと言声をかけてもらうなどが必要かもしれません。

強硬だと思っていた相手の態度も、いっさい嫌な顔をせずに話を聞き、真摯な態度を続けているうちにどこかに光が見えることがあります。光は一瞬で消えることもありますので、細心の注意を払いながら機会を待ちます。

光が見えたら、そのドアのすきまにそっと手を入れて、やさしく開いていきます。強硬であった分、相手はやや決まり悪い思いをしていることが多いでしょう。決して「それ見たことか」という態度をとらず、真摯な態度で接し続けます。そうすれば、味方になってくれる可能性が一気に高まります。そこまでではなく「いい話なら乗ってあげよう」と思っている相手の場合は、ずっと容易です。最初に話を聞いて、相手の価値観、前提条件、制約条件、合意の最低ラインなどを探れば、比較的、問題なく進みます。

もちろん、甘くみて当初のこちらの主張を繰り出せば、相手の態度が急に硬化する可能性も常にありますので、油断は禁物です。

1対多の場合は、味方になる人を見つける

1対多の場合、交渉当事者がやや頑なでも、先方の組織内で味方になる人が必ずと言っていいほど出てきます。こちらの筋道が通っていればいるほど、通常であればそれに心の中では合意したくなるからです。

味方になる人を見つけるのは、それほどむずかしくありません。会議に参加して提案したり、交渉したりしたとき、こちらの説明に対して**うなずいてくれる人が必ず何人かいます。彼らが味方になります。**意識、無意識のうちに、必ずうなずいて

くれます。提案が納得いくものであれば、中心人物はうなずかなくても、その周囲に同調してくれる人が現れます。

ここで意識的にうなずいてくれているのか、無意識でうなずいてくれているのかは、大きな違いがあります。意識的にうなずいてくれている人は、トップや上司などの考え方があまりよいとは考えておらず、もっとちゃんとやってほしいと思っているケースが多いです。自分ではそれを言えないとか、以前言っても相手にされなかったので、外部からのまっとうな提案に「まさに！」「そうなんだよ」「トップを説得してくれよ」とボディランゲッジでメッセージを送ってきます。それが「うなずく」というシグナルです。

うなずくことが状況的に許されない場合もあります。うなずくだけでトップに目をつけられてしまうような会社です。その場合は、目で訴えてきます。普通は目と目を合わせることはそれほどありませんが、こちらの目を見てそらさない状況です。一生懸命メッセージを送っている感じです。

これを見ることで、その組織内でトップがどういうふうに見られているか、誰がこちらの提案の積極的な味方になってくれるのかがわかります。注意としては、こちらもその人と目と目で心を通わしているところをトップに見抜かれないようにすることです。そのくらい気をつかいます。もちろん、ここまで厳しい、堅苦しい会社と何かをすべきか、という判断も場合によっては必要です。

無意識でうなずいてくれる人は、もう少し自然に動作に出ます。特にトップにもの申したい、という気持ちまでは持たずに、「そうだよね」と思ってうなずいているだけです。比較的オープンな会社ならこういうこともあります。

交渉当事者、意識的にうなずいている人、無意識でうなずいている人の数や態度、全体の雰囲気と温度感によって、いろいろなことがわかります。相手の組織でこちらの提案がどう受け取られているのか、合意しているのに条件交渉をしようとしているのか、根本的にずれがあるのか、あるいは交渉当事者がむしろ組織内で浮いているのか、などまで見えます。

名刺を活用する

ここで、最初に交換する名刺が役に立ちます。どこに誰が座っているのかわかるように名刺を並べておきます。自己紹介があった場合は、要点を名刺に直接書き込んでおきます。提案を一通り説明したあと、出席者の名刺を見ながら数名を当て、意見を言ってもらうようにしていきます。**うなずいていた人を中心にしつつ、序列に配慮しながら順に聞いていくのです。**うなずいていた人を把握しておくのが大切なのは、ここで大いに役立つからです。これにより、誰が賛成意見なのか、誰は条件つき賛成なのか、誰は様子見をしたがっているのか、などがわかります。

大勢が賛成なら、それを聞いて味方が一気に増えていきます。よくわからなくて意見を保留していた人、場の雰囲気を読んで決めようとする人も多いからです。へたに聞くと、ネガティブな意見が続いて墓穴を掘りますので、このアプローチはあくまで「やった、あと一押し」と見切ったときに限ったほうが無難かと思います。

用意した資料は、出さなくてもいい

何かを提案、説明、弁明するとき、パワーポイントなどで数ページの資料を作ることが多いと思います。それにより、背景やこちらの主張、その根拠、相手とのギャップ、ギャップを埋める方策などが明確に整理できます。

こちらの組織内での合意形成にも、数ページのまとめ資料は必要です。そうしないと、相手どころか、身内がブレーキになったり、背中から刺されたりすることもあるからです。

「そういうつもりじゃなかった」「そうは理解していなかった」「そんなこと、聞いたっけ?」といったネガティブな発言は常に起こりえます。資料を説明し「それでよい」と合意していた場合も平気でそういう発言はありますが、資料を見せていないとさらに何倍もひどく言われる可能性があります。

後悔しても遅いので、先にしっかりとした資料を作り合意を取りつけておきます。

ただ、交渉の場でその資料を実際に使うかどうかは別です。

内容にもよりますが、相手が大筋で乗ってくれそうなときは資料を使って説明します。最初から資料を使って順番に説明していっても問題はないでしょう。

もっと微妙なとき、相手がどう出るかよく読めないときは、へたに資料を出して相手の心証を悪くしてしまうより、口頭で説明し、相手の反応を見ながらさらに議論を進めるほうが安全です。手元にはきっちり作成した資料がありますので、安心できます。ただ、相手には見せずに話を進めていきます。

想定通りに着地した場合は、最後に「今日の内容をまとめたものです」と言って手渡ししたり、ミーティング後にその資料を送ったりします。せっかく作成したものですし、内容が適切な場合は書いたもののほうが印象がよいからです。相手の組織内でスムーズに進めていただくためにも、資料は必要なことが多いです。

資料は作成しておくものの、説明の途中で相手に渡すかどうかは、状況次第です。

目を見て話し続けるほうが効果的な場合もよくあります。

ホワイトボードを駆使する

先方が3人以上いる場合は、ホワイトボードを使って議論を整理すると進行がわかりやすく、スムーズです。

ホワイトボードは1・8m幅のものが使いやすいです。私は、多くの企業の経営改革を支援してきましたので、先方の意向をくみつつ、物事を進めなければいけない機会が無数にありました。

そのときの武器がホワイトボードでした。経営者の考えを引き出し、それに対して参加者の意見を出し尽くし、気持ちよくまとめていくためには、ホワイトボードが驚くほど効果的です。

会議では、話がぶれやすい

会議での問題点として、テーマ・状況によっては話がぶれやすいことがあります。それぞれが言いたいことを言って終わりがちです。時間はかかるものの実際は何も決まらず、誰が何をいつまでに実行すべきかはっきりしません。決めたと思っても漏れがあることも多いです。

また、論点のすれ違いを明確にできず、平行線のまま議論が続くこともよくあります。結論は出せても、本質的な問題解決につながらないことも頻繁に見られます。

リーダー同士はいいミーティングだったと思っても、チームメンバーは今ひとつ何が何だかわからない、情報共有したようでいてしていない、方針を出したようでいて、出していないということもよく起きます。

ホワイトボードには効果的な使い方がある

前述のような問題を避けるため、ホワイトボードを使うと効果的です。多くの会議室にはホワイトボードが置いてあります。印刷機能は不要で、書いたあとは画像を共有すればすみます。

ところが、ホワイトボードに書こうとしても、発言内容がよく理解できなかったり、実際何を言いたいかわからなかったりすることが多くあります。頑張ってホワイトボードの前に立ったのに、頭が真っ白になり、何をどう進めたらよいかよくわからなくなることを経験された方も多いのではないでしょうか。

議論が発散しないようにまとめようとしても、なかなか皆がついてきてくれません。勝手に言いたいことを言う、結論が一向に出ない、という状況に陥りがちです。そのような場合は、これから効果的な使い方を述べますので参考にしてください。

ホワイトボードの効果的な使い方とは

各自の発言を数秒遅れでホワイトボードに書く

まずは、こちらの提案を丁寧に説明します。用意した資料を使うか使わないかは状況次第です。出てくる質問にも全部答えます。

その後、ディスカッションになったとき、ホワイトボードには、各自の発言をできるだけ忠実に書いていきます。「あのう」「え〜と」は不要で、「ですます」も省略します。

重要な点は、1人が話し終わったあとではなく、話し始めて数秒したところで書き始めることです。そうしないと追いつけないからです。一見むずかしいように思えますが、慣れるとそうでもないです。

書き切れないときには、「すみません。少しお待ちください」と言って話を止めても、経験上、全く問題ありません。全部聞いてから書こうとすると、正確に覚えられず、逆に大変です。皆、簡潔な発言をしないし、話すのがあまりうまくないので、何を言いたいのかもわからなくなるケースがよくあります。

そういう場合でも、自分の発言がほぼリアルタイムで書かれているのを見て、安心してくれます。書かれたものに対して追加の説明をしてくれたりもしてくれます。また、まとまりがなく話し続ける人が多いですが、発言が的確にホワイトボードに書かれているのを見ると、短めに終わってくれます。伝えたいことが伝わったという安心感があるのではないでしょうか。

もちろん、それでも話し続ける人、「例えば〜〜」と言って延々と話そうとする人は、会議リーダーが遠慮なく制止すべきですし、私の経験上、ほぼ問題ありません。通常の会議ではこういった発言で時間をロスしますが、誰も注意できません。ホワイトボードを使った会議では、書きながらリードするからか、会議リーダーがテンポよく進めやすいというメリットもあります。

構造を明確にする

議論の流れを忠実に書いていくものの、大項目、中項目、小項目などの構造は明確にしていきます。そのあたりを無頓着に話す人がほとんどなので、「今の点は、こちらの点の子ども（サブポイント）ですよね」などと確認しながら書いていきます。そうすると、目の前で整理されるので皆すぐに納得してくれます。

また発言がわかりにくいときは躊躇せず聞き直し、簡潔に言い直してもらいます。皆、意外に嫌がらず、説明し直してくれます。

発言順にホワイトボードに書いていくと、流れが本来の順番とずれてしまうことがあります。そのため、私はときどき、①直前に書いた1行をそのまま、少し下に書き写し、②直前に書いた1行を消し、③消したスペースにあとからの発言内容を挿入したりしています。「マニュアルコピー&ペースト」ですね。1度のミーティングで数回、このやり方で正しい順番に直しています。そのほうが、わかりやすいからです。

また構造を明確にしたり、マニュアルコピー&ペーストをしつつ、字が読みづらかったり、書き損じた部分をできる範囲で清書します。そのほうがはるかに議論が混乱なく進みますし、議事録も読みやすいためです。

ホワイトボードを使った効果的な会議のリードの仕方

ホワイトボードを使った会議では、発言内容を指さして、言いたいことが表現されているかどうかを本人に確認します。そうすると、かなり満足していただけます。今まで経験したことがなかったほど丁寧に、自分の発言がホワイトボードに書かれているからかと思います。

盛り上がってくると、前の人の発言を書いている途中で話す人が出てきますが、やんわり制止し、書き終えて確認が終わるまで待ってもらいます。終わってからその方に振って、話し始めてもらえば、問題になることはありません。長々と演説を始めた人がいる場合は、少し聞いた時点で、「すみません。ご指摘の点、ここには要点をどう書くのがいいでしょうか」と遠慮せず割り込んで、簡潔にしてもらいます。

止めるのは本来失礼ではありますが、ホワイトボードを使っている場合は、比較的、角が立たないですね。ホワイトボードに言いたいことが的確に表現されているからかもしれません。他の人は迷惑に感じていることがほとんどですので、気にせず割り込みます。

意見が2つに対立しているときは、両論併記して相互がいったん納得できるようにします。ホワイトボードの右側の空いたスペースなどに、A案、B案を縦に並べ、右側にその内容と特長を書きます。その上で、2案を比較する評価基準を4～5個決めて（社会への貢献、自社にとってのメリット、実行容易性、実施リスクなど）、評価します。

評価基準ごとに

5：大変高い
4：高い
3：それほどでもない
2：低い
1：非常に低い

などで評価し、総合点で決めます。

単純なやり方ですが、案を比較するには最適です。評価基準を定め、その点数についても定めた上で評価することで、あとでの蒸し返しが激減します。ざわついたときは、やや大きめの声で注意を促すことも遠慮せずに行います。これは決して失礼なことではなく、会議リーダーが場をリードする上で大切なことです。

会議リーダーが決まっていないとか、会議リーダーが場をリードする文化がないとしたらもったいないので、これを機会に変えていけるといいですね。ホワイトボードを使った会議は、従来の会議とは進め方が違い、会議リーダーが強くリードすることができます。その際、**自分で書くことが鍵になります。**

部下とか誰か別の人にやらせるのではなく、自分でホワイトボードの横に立ち、場をリードし、仕切ります。リーダーシップを発揮する絶好の機会なので、人に譲らないほうがよいし、実際、難易度が高いので自分より下の人にやらせてもうまくできません。

私はミーティングでは、ホワイトボードに一番近い場所に座ります。議論が始まったとき、錯綜し始めたときなど、ホワイトボードの横に立って会議を整理し、リードすることが多いからです。

また、きちんと書いたホワイトボードの内容は議事録にもなります。印刷したときにはっきり読めるように、字の大きさ、読みやすさなどに留意します。高さ4～5センチの字だと、かなりの量の議論も記録できますし、印刷時にも小さすぎずに映ります。基本は黒で、注意すべき点は赤線を引いたり、赤字で書いたりします。

ちなみに、ホワイトボードは180センチ幅のものが使いやすいので、先方に依頼できるときは先にお願いしておきます。左側に「現状の問題点」、右側に「今後の施策」などわかりやすい流れで書くことができるからです。

ホワイトボードマーカーが実は重要で、滑らかに書けないとか、薄くて見にくいなどだと足を引っ張られますので、私は自分でホワイトボードマーカーを持参することが多いです。黒・赤の2色、途中でかすれてしまわない充填式のものを用意しています（例：『パイロット ボードマスター 直液カートリッジ式 中字丸芯』）。場合によっては、補充用のカードリッジまで持参します。プロとして、そのくらい細部にもこだわっているということです。ホワイトボードの下半分は、椅子に座ったほうが早くきれいに書けます。椅子も下に車がついていて左右に自由に動けるものが圧倒的に便利です。こちらも先方に依頼できるときは先にお願いしておくほど重視しています。

英語でのミーティングにも効果的

英語でのミーティングの場合は、ホワイトボードがより効果的になります。皆、長々と主張を繰り返す傾向があるからです。ネイティブスピーカーもそうでない人も同じです。ほとんど話さないのは日本人くらいですね。

皆、ダブっていても気にせず延々と話したりします。英語のミーティングだと、ともかく発言を尊重する傾向があるのでこうなってしまうのです。そのため、むやみに時間がかかります。

マッキンゼーの社内ミーティングのようなファシリテーションのプロ中のプロが揃っている場合も、海外の人はホワイトボードに書く字がものすごく汚く、読みづらいのが普通です。整理して書くこともほぼしません。

書いては消し、また書いては消し、ということも頻繁にあります。議事録には到底なりえないレベルです。別途、誰かが的確な議事録を書くことはよくありますが、文字だけでの表現になります。したがって、前記のような進め方をすれば、英語ネイティブでなくても、場を仕切ることがかなり容易にできます。

ホワイトボード活用トレーニング

ホワイトボードを使おうとすると、最初は誰でもあがってしまいます。書こうと思ったことの半分も書けないと思います。練習が必要だし効果的なので、**次に述べるホワイトボード活用トレーニングを同僚、友人などと実施しておくことをおすすめします。**

部署の12人にホワイトボード活用トレーニングを実施する場合です。会議室の3隅にホワイトボード（180センチ幅）を置きます。4人ずつに分かれ、ホワイトボードを使って会議をする設定です。

3カ所それぞれ1人が会議リーダーとしてホワイトボードの前に立ち、議論をリードしながら書きます。他の3人はホワイトボードの前に椅子を持ってきて集まって座ります。

各会議リーダーは、ホワイトボードの左上隅に会議のタイトル(「会議時間を半減するには」など)を書き、そのすぐ下には、左側に「問題点・課題」、右側に「解決策」と書いて下線を引きます。

「会議時間を半減するには」という目的の会議を3チーム同時に始めます。会議リーダーのファシリテーションのもと、問題点について3人のメンバーから次々に発言してもらい、会議リーダーがホワイトボードに書きます。時間は3分でかなり出てきます。その後、解決策について発言してもらい、ホワイトボードに書きます。こちらも3分、計6分で驚くほどアイデアが出てきます。

会議リーダーは、発言を聞きながら、数秒後には書き始めます。そうしないと間に合わないし、発言を制約してしまうからです。6分たったら、会場の全員が1台のホワイトボードの回りに集まり、会議リーダーと参加者1名に感想・発見を述べてもらいます。「発言をそのまま書くのが大変だった」「話すスピードについていけなかった」「意外に書けた」「発言を書いてくれたので、ちゃんと聞いてもらった感じがした」などといった感想が出ます。

その後、全員で次のホワイトボードに移動し、同じく感想・発見を2名に話してもらったら、全員で3台目のホワイトボードに移動し、同じく感想・発見を共有してもらいます。

1カ所あたり2分、3チームの感想・発見を共有してもらうのに6分、この短時間に多くの発見があります。

その後、全員が部屋の3隅の元の場所に戻り、リーダーを交代して第2ラウンドに入ります。同じ形で進めて、リーダーを交代し、第4ラウンドまで実施して終了です。

テーマはラウンドごとに変えて実施すると、テーマによるやりやすさ、やりづらさなどもわかって学ぶことが増えます。

例えば、

第1ラウンド：「会議時間を半減するには」
第2ラウンド：「書類を1／3に減らすには」
第3ラウンド：「仕事のスピードを倍にするには」
第4ラウンド：「社内の部門の壁をこわすには」

といった形です。

1ラウンドあたり、ディスカッション6分、感想・発見6分で計12分、4ラウンド実施により、1時間弱でホワイトボード活用スキルが劇的に上がります。12名全員が会議リーダー役を1回、チームメンバー役を3回担当するので、4ラウンドで多くの知見が得られるからです。会議リーダー役が1回でも、他の人の会議リーダー役を3回見ることができますし、どんどん発言することを求められるので、ホワイトボードを活用したミーティングに慣れてきます。

1週間後、2週間後に各1時間、チームを変え、計8つの違うテーマに関してホワイトボード活用トレーニングを実施すれば、相当な経験になります。

オンラインではどう仕切るか

なぜオンラインミーティングは対面よりむずかしいのか？

コロナの影響ですっかりリモートワークが定着しました。ZoomやTeamsなどによるオンラインミーティングは今後も一定以上、続きそうです（私自身、毎日5〜6回はやっています）。そのため、対面よりはるかに難易度が高いオンラインミーティングにどう対応するかが重要になりました。

オンラインミーティングの難易度が高い理由は、

①相手の姿を見づらい
②相手の目を見て話しづらい。画面とカメラの位置のずれが大きい
③声が聞きづらいことが多い。マイク接続ミスがときどきある
④相手の呼吸が読めないので、発言が重なることが多い。気をつかう
⑤相手が話し終わるところを読みづらく、間が空く（間髪入れず発言できない）
⑥声の遅延が結構ある
⑦画像と声がずれていることが結構ある
⑧周囲の音が入り聞きづらいことが結構ある
⑨画面共有に手間取ることが結構ある
⑩議論内容をさっとホワイトボードなどに書いて共有しづらい
⑪身振り、手振りができず、こちらの思い、真剣度を言葉でしか伝えられ

ない

⑫慣れていない人が多いので、こちらも相手も緊張している

⑬話に集中しづらい。画面だけ注視しなければならないので、疲れやすい

⑭内職しやすい。自分に少し関係がない話だと他のことをしがち

⑮ミーティング直後の団らん、ちょっとした会話ができない

など多数あり、根本的には解決しないので、それなりの対応が必要です。

問題視していない方が多いようですが、ミーティングとしての質は間違いなく低下し、難易度が大変に上がります。物事を進めるためには最善を尽くしたい方は、気をつかったほうがいいでしょう。

レストランに行って、お皿に汚れが残っていたり、ワイングラスがきれいでなかったりするとアウトだと思いますが、それに近い問題といってもよいかもしれません。

オンラインミーティングの質を上げる

オンラインでのミーティングに関しては、最低限、次の7点をおすすめしたいと思います。

❶できるだけ、雑音のしない個室を確保する

オフィスの片隅やカフェなどでミーティングすると話し声や音楽を拾って聞きづらくなります。自分はイヤフォンに集中しているのであまり気になりませんが、静かな部屋にいる他の参加者にはうるさく聞こえがちです。もう1つの問題は、こちらは真剣にもかかわらず、何か遊んでいるような、いい加減な印象を与えてしまうことです。

❷ゆっくり、はっきり話す

対面だと聞き取れるしゃべり方も、オンラインだとかなり聞きづらくなります。

対面よりしっかりと発声することが望まれます。

❸大きめの声で、一定の強さで話す

同じ部屋であれば、小さな声で話しかけたり、大きな声で強く打ち出したりが効果的にできます。オンラインの場合は、音量設定によって大事なところが聞こえなかったり、びっくりするほどの音量になったりするので、声の強さはあまり変えないほうがいいです。

❹できるだけカメラを見て話す

そうしないと、目を合わさないので、説得力に欠けます。合意を求めるとき、お願いするとき、改善を求めるための仕事上の依頼、人事評価フィードバックのときなど、相手の目をしっかり見て初めて心が通じます。気持ちをこめるために画面上の相手の目を見て話したくなりますが、それだと相手からは目をそらしたふうに見えます。したがって、我慢してできるだけカメラを見て話す必要があります。

❺ 可能なら画面横にライトをつける

そうしないと、暗くて不健康な顔に見えることが多いです。対面ミーティングでは心配する必要がありませんが、オンラインでは特に気をつかいましょう。

❻ 相手に呼びかける、名前を呼ぶ、を意識して行う

オンラインミーティングでは集中しづらいので、密度の濃い、効果的なミーティングをやりづらいと思います。対面ミーティングでも、相手の名前を呼ぶことは効果的ですが、オンラインミーティングではその何倍も重要になります。

❼ 論点の違いなどは意識的に時間をとって確認する

意見の相違をはっきり認識した上で議論するとか、違いを違いとして認めるとか、違いを認識した上で徐々にギャップを埋めることがやりにくくなります。少し手間ですが、意識的に時間をとって、ギャップを埋める努力をすることが不可欠です。

オンラインミーティングには、もちろんよさもありますので、うまく活用していきたいところです。何といっても、比較的早い時間から夜遅い時間までミーティングがとりやすい、という点です。さらに、海外や国内の移動時間が大きい場所でも手間なく話せる、という点です。ただこれも、デメリットとの天秤で判断すべきで、問題ない状況であれば、重要なミーティングは対面で行います。

理解・実行チェックリスト

□相手が聞きたいことに誠意を持って丁寧に答える
□質問に質問で返してはいけない。知ったかぶりをしない。決して言い負かさない
□説得ではなく、納得していただく。論破ではなく、共感していただく

□相手の気持ちに寄り添う。そのため、自己中心的な見方をできるだけなくす
□ホワイトボードをできるだけ使って、会議リーダーとしてのスキルを身につける

おすすめするA4メモ タイトル例

・あせらずに相手の話を聞くにはどうすべきか
・今後、二度と知ったかぶりをしないためには
・どうすれば質問に即答できるのか
・どうすれば、自己中心的な言動をできるだけ避けられるか
・どうすれば、ホワイトボードを使って強力に仕切れるか

Communication for Action

第 4 章

「仕上げ」すべての手段を使ってフォローする

chapter 4

Follow-up is Everything

フォローがないから、動かない

「仕上げ」とは、「できるところまであらゆる手段を使ってやり遂げる、あとを追って仕留めるところまでやり抜く」「一方、だめなときはあまり無理せずうまく着地させて、よい関係を築き、次の機会に備える」ということです。事前準備をして仕込みをし、話をうまく仕切って合意できても、その後実現するまでフォローし続けることが必要です。そうしないと、せっかくの努力が水の泡になります。

物事が勝手に進むことはありません。勝手に進むことを期待した場合は、神様がそれを見とがめてストップさせると考えたほうがいいです。そのくらい、簡単には進みません。フォローの仕方はいくつもあります。

効果的なフォローの仕方

❶合意直後に確認のメールを送る

合意直後にはどのような場合も確認メールを送ることが大切です。遅くても2時間以内がいいです。このメールを送らなかったばかりにこちらの本気度を疑われる、ということは十分あります。ミーティング後の確認メールは結構気にされるからです。送ろうと思っていたがうっかり忘れた、などは大変まずいことになります。紹介者がいる場合は、紹介者にも直後にお礼メールを送っておきます。交渉した相手から先に連絡が入る、ということは避けなければなりません。

❷合意後数日して、確認のメールを送る

状況によっては、当日メールすると前のめり感が出すぎる、という場合がなくはありません。営業的な要素が強すぎるとか、ここぞとばかりにたたみかける感が強

く出すぎるとかですね。そういうときは、意識して、合意後数日してからお礼のメールを送ります。

❸ 合意後、先方の部下、メンバーにコンタクトして進捗状況を確認する

これはどういう場合にも必要です。100%合意であっても先方の組織がスムーズに動くことはほぼないからです。相当プッシュしないと動かないので、実質的な責任者が誰になったのかを把握するためにも、動かし方を検討、すり合わせするためにも、進捗状況を確認する必要があります。

❹ 合意後、相手が動かすべき外部の数名にこちらから話を通しておく

合意したあと、外部の数名にコンタクトしていただいて協力を仰ぐとか、協調して支援いただくとかが必要な場合も多いです。そのとき、その外部の数名に先に話を通しておくと、スムーズに進むことが多いので、できるかぎりやっておきます。

これにより、こちらの真剣さ、誠実さが相手にも伝わります。

❺ 合意後、相手の組織の部門リーダーあるいはメンバー全員に対して説明会を開く

トップが合意しても、組織の部門リーダーあるいはメンバー全員の理解を深める必要があります。こういったコミュニケーションをトップに任せるのではなく、こちらから組織の部門リーダーやメンバーへの説明会を開こうと提案し、スケジュール調整をプッシュし、早々に実施すると効果的です。トップの出張などの時間をぬって、経営幹部の時間をかなり強く調整して初めて実施できます。強く働きかけないと、数週間後ではなく3〜4カ月後になってしまいがちです。

❻ 合意後数週間して再度ミーティングをし、背中を押す

トップが合意しても、すぐには動きません。したがって、数週間後には再度ミーティングをして、背中を押します。言うことを聞かない子どもの世話をしているようですが、まさにそういうものです。疲れずに、飽かずたゆまず背中を押し続けま

す。こういった考えられるかぎりのフォローをして、実現するまで追い込んでいきます。

実現するかどうかは自分次第

どうしてそこまでやらないといけないのか、と疑問を感じた方もいるかも知れません。合意したのだから、相手が自分である程度はやってくれないと前に進まないと思われたでしょうか。

もし、そう感じられたとしたら、それは組織がどうやって動くのかということへの理解が不足しているからだと思います。また、何が何でも物事を進めようと思う気持ちがそこまで強くないのかも知れません。

相手の意識・行動を変えることは、なかなかできないと思っていたほうが安全です。ただ話だけをして、それで物事が動くと考えることはまずありませんし、判断が甘いです。皆さんの会社あるいは、皆さんが知っている会社の社長が号令をかけても、役員、部長、課長、社員はそうそう動かないですよね。社長のリーダーシップが強く、組織が鍛えあげられたごくまれな企業以外、そういうものです。

多分、ボトルネックがあるとしたら、実現するまでフォローする方法を思いつかないことよりも、動きにくさへの洞察力不足、理解不足、熱意不足のほうでしょう。また、何をすべきかはいちおう見えていても、「わかっていても、そんなことまでやりたくない」「面倒くさい」という気持ちもあるかと思います。

この気持ちをなだめるには、こちらの熱意が必要です。また、組織は簡単には動かない、ということへの理解、洞察しかありません。**物事を進められるかどうかはかなりの部分まで自分次第**ですね。

相手の利害関係を探って動かす

相手を動かすには、利害関係を事前に十分探っておく必要があります。利害関係によっては、経営トップに同意していただいても動きようがない、動かしようがない場合があるからです。こちらのお願いに対し、経営トップは人として共感し助けたい、ところが会社のある部門はこちらと競合している、という場合などです。そうすると、トップとしては受けたくても、現実的にはほぼ無理となります。ただ、この場合でも、よくよく探れば障害を回避できることがあります。

例えば、先方とは一部の製品が競合していても、実は、物流は相互乗り入れしていて、実際はそこまで気にしなくていい、それどころか十分メリットがある、という場合など、調整の可能性が見えてきます。また、競合企業であっても、強力な共通敵があれば、協力し合うことは十分考えられます。2年間だけ協力し合うとか、敵の敵を味方にするとか、ベストを尽くせば、いろいろな案が出てきます。

相手の利害関係を十分に探って、手を打っていくことがとても重要です。

利害関係を探るには、次の方法が考えられます。

①相手先の企業、経営者、主要製品、技術などに関して情報を検索し、重要なキーワードはGoogleアラートに登録して常に見ておく
②相手先の先代経営者、相談役の発言なども検索、Googleアラートなどを活用して理解する
③相手先のキーパーソンと知り合いになり、定期的に情報交換をしておく
④相手先の競合企業のキーパーソンと知り合い、適宜、情報交換をしておく
⑤業界の優秀なアナリストと知り合いになり、定期的に情報交換をしておく

重要な相手、重要な交渉であれば、当然ここまでやり切ります。これは営業でも、事業提携でも、出資でも、融資でも、M&Aでも同じですね。

相手が仲間をつくるお膳立てをする

相手が合意してくれる場合でも、実は心細く思っていたり、若干不安が残っていたりすることは少なくありません。それを解消するには、相手が仲間をつくるお膳立てまですることです。

決して余計なお世話ではありません。優秀な方でも、そこまで気が回らないこともあるでしょうし、手を回せない事情があったりするからです。仲間をつくるお膳立てにより相手の立場を楽にしてあげたり、発信すべきビジョンをうまくまとめてあげたり、代わりに交渉してあげたり、置かれた状況によって臨機応変に対応します。

至れり尽くせりの支援に感謝されれば、**お願いする立場から、助けてあげた立場になり、力関係が逆転します。**これは非常に大きいことです。立場の逆転は、そうそうあるものではありません。信頼できる人であれば、こういう貸し借りを忘れず、恩を返してくれます。できるときは最大限ベストを尽くしておくことがおすすめです。一方、恩を返してくれなかったとしても、素早く忘れましょう。人を見抜くいい経験です。ギブ・アンド・テイクではなく、ギブ・アンド・ギブをする、そうすれば、結局は一番いい形でテイクが返ってきます。

「そこまでやるの？」というほど、やり抜く

もうおわかりかと思います。話をして合意した後も、「そこまでやるの？」というほど、考えられることをすべてやり抜き、やり続けます。考え続け、また新たな

手を打ち続けます。

やり抜くことで大きな価値が生まれます。 あらゆる問題解決、あらゆるモグラたたきを続けていきます。事前に読み切ることはできないので、この姿勢で取り組めるかどうか、やり続けられるかどうかで成功確率が決まります。ここまで来ると、大きな価値にもつながりますし、仕掛けていくことが楽しくなります。無理なく、過度のストレスなく、自然体で伸び伸びと進められるようになります。

唯一気にすべき点があるとしたら、「調子に乗らない」ことです。あれこれやってあげているという気持ちになったとしても、恩着せがましい態度をとったり、他人に吹聴したりしないようにします。余計なひとことで、99%うまくいっていた案件が飛んでしまうこともあります。どのようなときも慎重に、丁寧に進めましょう。

ばかばかしいと思わず、取り組む

ここまでフォローしていても、ばかばかしいと感じることがあるかも知れません。なかなか結果が出なかったり、身内から批判の声が上がったりした場合、そのように感じてしまいがちです。

なぜ相手の責任なのにいちいち相手の部下の人にまで……、などと考えると、「いったい自分は何をしているのだろう」「なぜこんなことまでしないといけないのだろう」という気になってしまうかもしれません。その気持ちはよくわかります。ただ、**当初の目的に戻って考えると、そこまで気にならなくなる**と思います。人に何かをお願いしたり提案したりして、その気になってもらい、相手と自分にとってよい結果を得ようとしているわけですよね。

それがすべてです。であればベストを尽くすため、あらゆることに取り組むしかありません。仕込んで、仕切って、仕上げる。何もおかしいことはありません。

ばかばかしいと思うのは、むしろ、心の中の問題で、「自分を高く見せたいという意味のないプライド」と、「自信のなさの裏返し」ではないかと思います。「自分を高く見せたいという意味のないプライド」は、自分を高く見せないと自分のトラウマになっている恥ずかしい過去のイメージが消せないからです。恥ずかしいかどうかは、絶対的なものではなく、自分の心の中で、恥ずかしい過去として持ち続けてきた結果だと思います。実は他の人は全く知らないことです。私も小学5年生、中学1年生、22歳頃にそれぞれそういう思い出があるのでわかります。

今本当にやるべきことが何かよりも、自分が何をやるとえらく見えるかを気にしている「自信のなさの裏返し」です。気にしても全く意味のないことなので、常に目的指向で前進し続けましょう。

もちろん、誰かにお願いし、分担して取り組むこともできないわけではありません。ただ、相手と合意したあとに調整しやすくしてあげるとか、相手の仕事仲間が動きやすくしてあげるとかは、進める上で重要な活動です。誰かに「やっておいて」と丸投げしづらい内容なので、自分でやったほうがスムーズです。

相手が動かざるをえない状況をつくってフォローする

相手を動かすには、**相手が動かざるをえない状況をつくって、そこでフォローするのが効果的です。**

鬼ごっこでも、もし部屋の隅っこに追い込めることができたらつかまえやすいですよね。広いスペースだと、つかまえるのに苦労します。追い込んでいって相手が動かざるをえないようにするとか、相手がここに飛び込むしかないように感じてもらうというのが効果的です。交渉事は、あまり固く考えるより、**ゲーム感覚でやるほうがストレスが少なく、かつ効果的に進められます。**これからゲーム感覚で進めるための5つのポイントをお話ししていきます。

真剣に、かつゲーム感覚を持って行う

❶ベストは尽くすが、できるだけリラックスして臨む

何といってもリラックスして臨むのが一番です。肩に力が入っていると、「あ、その手で来るのか、だったらこうしよう」とか、「よしこっちから攻めてみよう。どう反応するかな」とか、考える余裕がなくなります。手を抜くということではなく、適当にやるということではなく、あくまでベストは尽くしつつ、肩の力を抜くのが大切です。

❷どこをどうつつくと好循環が生まれるかを常に考え、探す

交渉も、ゲームも、スポーツの試合も、好循環を生み出したほうが勝ちます。好循環とは、次々と自分の打ち手がはまり、追い風が吹いてどんどん調子よくなっていくことです。先に打った手が布石となり、次の手がより効果的になっていきます。

どこをどうつつくとこういう好循環が生まれるのか、大局を見ながら探していきます。その場しのぎではなく、流れを読む、ということでもあります。

❸ できるかぎり先手を打っておく

こちらの思った方向に相手が動いてくれるよう、先回りして何らかの手当てをしておきます。そうすると、あわてて何かに対応せずに、余裕を持って取り組むことができます。

❹ だめもとでいくつか勝負してみる

いつも安全策だけとっていると、勝てるものも勝てなくなってしまいます。だめかも知れなくても、大勢に影響がない範囲で勝負をかけていくことも大切ですね。サッカーで言えば、目の前の相手にフェイントをかけて一気に抜き去ろうとすることや、ロングパスで敵陣深く攻め込もうとすることなど勝負をかけてみることも必要です。

❺ 結果がだめなら「次いこ次！」と気分転換する

勝負は負けることもあります。致命的で立ち直れない負けでないかぎり、次の勝負にかけることで挽回すれば問題ありません。どのスポーツも、年に数十試合戦って優勝を決めるわけで、今回の結果がだめでもすぐ気を取り直して頑張れた選手、チームが勝ちます。

以上のことを気をつけるとよいでしょう。要は、**真剣にやりつつも、肩の力を抜いて自然体で取り組みます。**自然体のほうが勝ちます。

理解・実行チェックリスト

□合意後、実現するまであらゆる手を使ってフォローする
□相手の利害関係を全力で探り、アプローチを工夫する
□「そこまでやるの？」というほど、考えられることをすべてやり抜く
□ばかばかしいと思わず、取り組む
□相手が動かざるをえない状況を作ってフォローする

おすすめするA4メモ タイトル例

・どうすれば、あらゆる手を使ってフォローしようという気になるか
・相手組織の動きをどうやって見抜くか
・相手に合わせてきめ細かくメールするにはどうすべきか
・「そこまでやるの？」というほど、考え抜くにはどうすればいいか

・ばかばかしいと思わないためには、どう考えておけばいいのか
・相手が動かざるをえない状況にどう追い込むか

第 5 章

自分の考えがあるから、心に響く

chapter 5

People Resonate to Your Compelling Message

自分の考えをしっかり持って話す

これまで「話し方」について述べてきましたが、自分の考えをしっかり持つことが「心に響く話し方」の出発点です。自分の考えをしっかり持っていれば、話し方が今ひとつでも相手には響くのです。そのために、何点か必要な姿勢があります。

常に自分の考えを持つ努力をする

海外に行って驚くことの1つは、学歴や年齢などにかかわらず、自分の考えを持って発言する人が多いことです。習慣や文化の違いですが、それでも直接見聞きすると、しっかりとした発言に感心します。負けてはいられないと思います。残念ながら、今の日本には「自分であまり考えない、発言しないほうがいい。発言するのは何かと面倒くさい」」、そういう空気が蔓延しているように思います。職場や友人の前で、自分の考えを持って発言することは気恥ずかしいと考え、抵抗を感じる人も少なくないのではないでしょうか。

知らない言葉を放置しない

「自分の考えをしっかり持つ」上でもう1つ大切なのは、知らない言葉に出会ったらすぐに検索して記事を読むことです。どんなことでも、気になったらすぐ検索して記事を読むよう習慣化すると、自信がつきます。わからないまま放置しないので、気分もすっきりするからです。自然に自分の考えを持てるようになります。

例えば、DX、地球温暖化、太陽光発電、EV、テスラ、地方創生、クラウドファンディング、ヨガ、高齢化社会、訪問看護、炭水化物ダイエット、NiziUなど、何でもですね。気になったらすぐに調べるようにすると、世界がどんどん広がっていきます。好奇心がさらに強くなります。

知らなかったことに触れる機会があると、楽しくなります。むずかしく考えなくても、やる気が湧いてきます。刺激があり、引き出しが増え、話したいことも出てきて、自然に「自分の考えをしっかり持てる」ようになっていきます。後ほど詳しくご説明します。

Googleアラートを活用する

記事を読んだあとは、Googleアラートが役立ちます。Googleアラートとは、Googleが提供している無料サービスで、登録したキーワードを含む過去24時間の最新記事を、毎朝決めた時間に送ってくれます。Googleアラートによって情報把握に関する自信がつきますので、自分の考えをしっかり持つことに役立ちます。こちらも、後ほど詳しくご説明します。

読書で賢くなる

自分の考えをしっかり持つ上で、読書は最重要と言えます。大変多くの刺激を得られます。**自分1人では考えられない、知らない、思いつきもしない宝の山をわずかの費用と時間で手に入れることができる、魔法の杖**です。私は小学校のときから本が好きだったので、恵まれていると思います。

14年間のマッキンゼー時代は、落ちこぼれないため、成長するため、クライアントに大きな価値を提供するため、特に必死に読みました。最近は、これまで読めなかった分野の小説や、モンゴル・元の歴史、文明の発展の経緯と西欧文化の問題点、進化心理学などに大変興味を持って読んでいます。

本には本当に感謝しています。趣味でもあるし、人間形成の手段でもあるし、仕事上で不可欠なものでもあります。ところが、読書が苦手な方がかなり多く、とてももったいないことだと思います。

苦手な理由はこういったことでしょうか。

❶本を速く読めないのでストレスになる
❷忙しくて本を読む時間がとれない
❸本を読んでもよく理解できない
❹読みたい本が見つからない

気持ちはよくわかります。

よく相談されますが、読書が個人的なことだからか、具体的に改善しようとはあまりされていないようです。ただ、それだともったいないので、こうすれば改善できるのではないかという案をいくつかご説明したいと思います。**読書への苦手意識がなくなると人生が変わります**ので、ぜひトライしてみてください。

❶ 本を読む速度を上げる

意識して取り組むと、誰でも本を数倍速く読めるようになります。私は大学の頃、1時間あたりの読んだ字数を常に数えていました。それを目安に必死に急いだ結果、200ページ程度のビジネス書であれば1時間強で読めるようになりました。特別に速いほうではないと思いますが、本を読むのが苦痛になることはあまりありません。

1点注意すべきことは、読む際に心の中で声を出さないことです。心の中で音読していると、本を読む速度が上がりません。読書が苦手な人の最大のボトルネックは多分これです。克服するには、目で文字を追うだけで意味をとれるようになる必要があります。

心の中で音読している場合、「心の中で音読しなくなる」であれば、「こ・こ・ろ・の・な・か・で・お・ん・ど・く・し・な・く・な・る」と音がしているはずです。これに対して、心の中で音読せずに読む、目で文字を追うだけで意味をとるとは、「心の中で音読しなくなる」の意味をほぼ一瞬で感じ取ります。うまくできない人は、何かに夢中になって読むとき、大急ぎで読まないといけないときなどに気がついたらできているかも知れませんので、その経験を大切にしてください。心の中で音読しなくなると、本を読むスピードが2~5倍上がります。

❷ 本を読む時間を確保する

趣味としての読書は別にして、仕事に関連する読書、成長のための読書をする時間をしっかり確保することが大切です。ただ、忙しくて本を読む時間がとれないという悩みを頻繁に聞きますし、私自身も以前はずいぶん苦労しました。目の前の仕事を片付けないといけない一方で、仕事や自分の成長上どうしても読むべき本が山積みにされているという状況でした。

私としての解決法は、毎月10冊読むと決めて、月初、月末に必死に読み、12月末、年初に必死に読んで、毎年何とか120〜150冊読む時間を確保しました。言い換えれば、割り切って集中して読む期間を決め、その間は仕事のほうは目をつむりました。こう決めないと、「仕事を片付けないといけないのに、読書に逃げてしまう」という問題と、「仕事に追われて、読むべき本をいつまでも読めない」という問題の両方をうまく解決することができません。

自分なりに仕事の一環として、あるいは自分を成長させる重要な施策の1つとして、読書を位置づけ、時間を確保していただくとよいかと思います。

❸ 本は一度で理解する

本は必ず二度以上読むべきだとか、メモをとりながら読んだほうがいいとか、大事なところだけ読めばいいとか、いろいろな読書法が言われています。

自分の考えをしっかり持つために、私は一度で理解できる読書法をおすすめしています。

最初から最後まで一度は全ページに目を通す

そうしないと本を読んだ、という達成感を感じにくいと思います。達成感は自信につながるので、重視したほうがいいです。大事なところだけ読むというやり方は賢そうでいて、雑になりがちだし、その本を読んだとは言えない、というのが私の考え方です。

大事だと思うところには黄色のマーカーで線を引く

本はできるだけ買って、大事だと思うところには黄色のマーカーで線を引くことをおすすめします。間違いなくそのほうが頭に入りやすくなります。一冊1500円程度ですので、月4冊だと6000円、月10冊買っても1万5000円程度で、仕事がうまくいったり、成長できたりすることを考えると、迷わず買うほうがよいと考えています。

何か思いついたら本に直接書き込む

ちょっとした思いつきであっても本に書き込むと、強い印象が残ります。まとめる練習にもなりますので、本に書き込むのは大変におすすめです。

メモはとらない

私も社会人になった頃、本を読みながらメモをとっていた時期がありました。ただ、ものすごく時間をとり、本がちっとも読み進められないので、メモをとらないと決めました。黄色のマーカーで線を引けば頭に入りますし、時間はほとんどとりませんので、おすすめしたいと思います。

二度は読まない

よい本は何度も読む、というのが古今東西の読書の知恵ではありますが、読むべき本は多数あります。実際には二度読む時間は、なかなかとれないし、二度目にしっかり読めばいいと思うと気を抜いてしまうので、一度ですべて理解しようとするほうがよいと考えています。そうやって真剣に、一期一会で読み、たまには二度目を読む、という感じが現実的ではないでしょうか。

電子書籍にするかどうかは個人の趣味で決めればよいと思いますが、私はまだほぼ紙の本を選んでいます。そのほうが線も引きやすいし、書き込みはもちろんできるし、読んだ本が本棚に増えていくので確実に達成感につながります。本の置き場所がないとよく言われますが、大したことはないと思います。電子書籍は、電車の待ち時間などに読むようにしています。

❹ 読むべき本を見つける

本が多すぎて、読むべき本をどうやって見つけたらいいのかわからない、という方もいると思います。

仕事で新しい分野での取り組みが始まったときは、まずブログなどを多数読み、そこで紹介されている本を読むようにすると、外れが少なくなります。

分野によって、本の中で別の本を紹介している場合は重要です。どんな方でも、関心のある分野・内容・トピックが多かれ少なかれあるのではないでしょうか。そういう方向で本を探してみると、意外に面白そうなものが見つかります。ネット書店でキーワードを入れて検索すると、膨大な数の本がヒットします。私は書店にも行きますが、Facebookやブログなどですすめられている本は、すぐに購入するためにAmazonなどで注文します。

騙されたと思って、関心がある分野の本を探し、手に取ってみてください。マンガでも一向に構いません。私自身も『マンガでわかる！ マッキンゼー式ロジカルシンキング』『マンガでわかる！ マッキンゼー式リーダー論』の2冊を出していて、好評です。合わせて18万部です。

『スラムダンク』全31巻も10回以上読み、読むたびに泣いたりしていました。読書のあと、感想や意見を人に話したり、SNSに投稿したり、ブログを書いたりするのも、とても役立ちます。特に読んだあと人に話すことは、それに優る方法を思いつかないほど、本の内容を素早く理解し、頭を整理し、自分なりの考えを生み出し、わかりやすく説明する上で役立ちます。

普段から情報の仕込みを行う

話す前に勝負の大部分は決まると述べてきましたが、「普段からの情報の仕込み」も大切です。普段から関連情報をできるかぎり押さえておくと、何を話しても説得力があり、効果的です。幅広い知識があると、真剣さ・熱心さ・真摯さも加わって、人としての魅力が上がります。提案内容に関わる業界、顧客、競合、技術、法規制などの情報、先方の社内事情、利害関係、価値観、提案内容への組織的な反応などに関しては、普段から本気で情報収集しておくことがおすすめです。

WEBからの情報収集はどうするべきか

❶関連キーワードで検索して、記事を多数読む

提案内容に関して、考えられるかぎりの関連キーワードで検索し、記事を多数読んでおきます。経験上40~50の記事を読むと、状況がほぼつかめます。複雑な場合は100以上になる場合もあります。

例えば、ブロックチェーンについて調べる場合を考えます。考えられるかぎりの関連キーワードとは、

・ビットコイン
・イーサリアム
・スマートコントラクト
・トレーサビリティー
・プルーフオブワーク
・プルーフオブステーク
・ハイパーレジャー
・コンセンシス
・IoT

などです（あと数十はあります）。それぞれのキーワードで検索して記事を読み、良記事の場合は周辺・関連記事も読み、そこから出てくる新たな関連キーワードでさらに検索し、記事を読みます。

❷重要キーワードをGoogleアラートに登録し、記事を読む

前出のGoogleアラートに30～50のキーワードを登録しておけば、大事な記事の見落としがなくなり、その分野に関して十分な情報収集ができます。上司や先輩、同僚より先に情報把握できるため、頼られたり驚かれたりして自信がつきます。「なんだ、不勉強だな、こんなことも知らなかったのか」と傷つけられることも減ります。**自信がつくと頭の回転がよくなり、理解力が増し、全体もよく見えるようになる**ので、「自分の考えをしっかりと持つ」ことがさらにできるようになります。

Googleアラートをうまく活用するために、何点かおすすめがあります。

①Googleアラートの検索記事は、言語ごとに設定します。例えば、Wearableという言葉を含む日本語の記事、英語の記事を毎日受け取りたければ、それぞれの言語で登録します（2度登録します）。

②検索ワードを登録する際、「オプションを表示」→「件数 すべての結果」を選定します。事前設定の「上位の結果のみ」だと主な記事しか通知されません。

③登録する検索ワードは、Googleの通常の検索と同じで、「A B」→AとBの両方の検索ワードを含む記事を検索、「A OR B」→AあるいはBの検索ワードを含む記事を検索、というふうに検索条件を設定し、精度を上げることができます。

④カタカナ表記と英語表記がどちらもある一般的な言葉、例えば「ウェラブル」と「Wearable」という言葉を含む日本語の記事を毎日受け取りたければ、「ウェラブル OR Wearable」で登録します。

⑤毎朝決まった時間（事前設定は朝6時）に送られてくる通知メールをざっと見て、特に関心のあるテーマ以外は見ずに削除します。残ったメールを開き、特に関心のあるタイトルの記事だけクリックして、すべて処理したあと、まとめて読みます。全部のメールを開いたり読んだりはできませんし、読む記事に関してはまとめ読みのほうが効率よく読めるからです。

⑥プロジェクトが終了した場合などでも、そのためにGoogleアラートに登録したキーワードはそのまま残しておいたほうが多分よいと思います。消すのが手間ですし、しばらくの間でも真剣に情報収集していた分野の記憶をわざわざ消す必要はないからです。ここは放置がおすすめです。

❸関連メルマガがあれば、そちらも登録し、記事を読む

関連メルマガに貴重な情報が載っていることも多いので、いくつか登録しておきます。業界関連メルマガ以外に、私はダイヤモンド・オンライン、プレジデントオンライン、東洋経済オンライン、日経ビジネス電子版、ビジネスインサイダー、ＩＴｐｒｏなどに登録しています。

これらのほとんどは、無料メルマガと有料会員向けの有料メルマガがあります。有料メルマガには他にはない貴重な情報もありますので、私はいくつか購読しています。

❹大型ディスプレイに接続して読む

記事を読む際、ノートパソコンに大型ディスプレイを接続して読むとスマートフォンやタブレットより断然楽です。記事全体や関連記事をストレスなしで見渡せ、早く読めます。私は以前20インチのディスプレイでしたが、数年前にオフィスと自宅のそれぞれに27インチのディスプレイを設置してからは、生産性が飛躍的に上がりました。ストレスと疲れもかなり減ったと思います。

ノートパソコンとディスプレイの接続方法には数種類ありますが、私のおすすめは「ディスプレイのみに表示する」やり方です。ノートパソコン画面がほぼそのまま大型ディスプレイの左上に表示され、右側と下側に大きな作業スペースができるので、仕事を進めやすくなります。

❺読んだ記事のURLはフォルダに保存する

記事を読んだあと、どうすればいいでしょうか。

私のおすすめは、読んだ記事のURLをテーマごとのフォルダに日付をつけて入れておくことです。そうすれば、あとですぐに探せるため、提案資料を作成する際や検討をさらに進める際に、役立ちます。私は、人事、法律、資金調達、上場関連、創業支援、融資制度、ベンチャー経営、マーケティング、コミュニケーション、愛着障害、心理学、AI、EV、IoT、共有経済など、数十のフォルダに分けています。

それ以外におすすめの情報収集

❶展示会、講演会、勉強会などにはできるだけ参加しておく

関連分野の展示会、講演会、勉強会などにはできるだけ参加しておきます。目安は月に2～3回です。東京での開催が圧倒的に多く、大阪でも若干開催されていいま

す。東京以外の方でも、年2〜3回は用事を作って関心のある展示会、講演会、勉強会などに参加するとよいと思います。

私はソウルでの10年の勤務が終わって日本に戻ってからの10数年は、空白を取り戻す意味もあり、月3〜4回は参加し続けました。こういう活動をしておくと、広範囲に予備知識を得ることができ、自信が生まれます。説得力も確実に強化されます。年2〜3回の東京出張が現実的でない方は、それぞれの地方で同志を募り、講演会、勉強会などを企画、開催するとよいと思います。それだけでも、仲間が増え、視野が広がり、自信がつきます。

例えば、仙台でＤＸ（デジタルトランスフォーメーション）についての勉強会を開催しようと考えたときのステップはこちらです。

①ＤＸについて１００以上の記事を読み、Googleアラートにも20〜30はキーワードを登録する

②１カ月ほど記事を読んだら、ブログを20〜30書く

③Facebookで「仙台DX勉強会」というグループをつくり、そこに特によい記事を週5～6本投稿する。自分の書いたブログもその都度投稿する
④Twitterで「仙台DX勉強会」というアカウントをつくり、そこにFacebookグループと同じタイミングで記事、ブログを投稿する
⑤Facebookの自身のウォールにも、同様に投稿する
⑥Facebookグループには参加時に自己紹介をしていただくようにする
⑦Facebookグループに数十人集まった1～3カ月後、「仙台DX勉強会」としての第1回オンラインセミナーを開催する
⑧それを弾みとして、「仙台DX勉強会」第1回を対面で実施する
⑨その内容をブログに書き、Facebookグループ、Twitter、Facebookのウォールなどに投稿する

これを続けていくことで、かなり効果的な仲間づくりができます。

❷ 懇親会では名刺交換をして、当日メールをし、会食に誘う

展示会のレセプション、講演会、勉強会などの懇親会などには極力参加することがおすすめです。そこでは、講師をはじめ、毎回10～20人と話をして名刺交換をします。名刺交換をした当日中に丁寧なお礼メールを送り、これはという人には会食のお誘いをすることもあります。

「丁寧なお礼メール」とは、「お会いできて光栄です。今後ともよろしくお願いします」的な素っ気ないものではなく、講師であれば印象に残った話、参加者であれば、話した際の感想、感心した点などを丁寧に書いたものです。

❸ 業界・技術・顧客動向などについて何でも聞ける相手を分野ごとに多数つくっておく

これを繰り返していると、自分にとって重要な分野やその周辺の分野で何でも相談し、インプットをもらえる人が数十人、確保できます。その方々には、年1、2

回はメールを出し、機会があれば会食をして交流を深めておきます。業界・技術・顧客動向などについての最新情報を把握する絶好のチャンスでもあります。

好奇心を持つ

ここまでご説明した**情報収集を徹底できるかどうかは、努力というよりはその分野に強い好奇心を持てるかどうかにかかっています。**好奇心があれば、夢中になって話を聞き、記事を読み、また別の記事を探して読み、こうかなと思って人に話し、質問されてまた考え、仮説をさらに深掘りすることができます。

知らないことを知る喜びは、誰でも持つ自然なものだと思います。「食事も忘れて熱中する」「本を読みふけって気づいたら夜になっていた」という経験を多くの方がされたことでしょう。もしまだなら、一度経験していただきたいです。きっと今まで以上に前向きになり、やる気も湧いてきます。

どうやればできるのでしょうか。

人によって違うとは思いますが、多分、**「好奇心を感じたら追求する」「好奇心を放置しない」というような感覚を尊重する**ことです。私の例で言えば、２０１４年暮れにＡＩに関心を持ち、２０１６年にブロックチェーンに関心を持ち、２０２０年11月にＤＸ（デジタルトランスフォーメーション）に関心を持ち、それぞれ数カ月間、数百の記事を読み、詳しい人の話を聞きに行き、たくさん質問し、ディスカッションし、さらには、講演までしました。私にとってこれは仕事ではなく、楽しみですね。自分の興味・関心から突っ込んでいき、好奇心がどんどん湧いてきます。

もし義務心からだとしたら、到底できないと思います。ぜひ、好奇心から自分の考えを深めてください。

理解・実行チェックリスト

- □常に自分の考えを持つ努力をし続けることが何にもまして大切
- □月10冊程度は読書をし、多くの刺激を得る
- □何事にも関心を持って、普段から記事を多数読む
- □何でも聞ける相手を分野ごとに多数つくっておく
- □好奇心を感じたら決して放置しない

おすすめするA４メモ　タイトル例

・どうすれば、自分の考えを常に追求し続けられるか
・どうやって月10冊読む時間を捻出できそうか
・どういう展示会、講演会、勉強会に参加すべきか
・懇親会などで頑張って名刺交換するには？　何を話すべきか
・どうやったら、もっと幅広く、強く好奇心を感じるようになれるか

［おわりに］

物事を進めるのは、「仕込み」「仕切り」「仕上げ」の3ステップ

いかがだったでしょうか。

物事をうまく進めていくには、事前の仕込み、その場の仕切り、話したあとの仕上げのどれも欠かせないことであり、組み合わせればもっとも効果的だとご理解いただけたでしょうか。

多くの方は「自分の話し方が悪いからうまく進まないんだ」とか、「嫌われているからどうしてもうまくいかない」とか、「あいつは真面目に聞いてくれないから、どうしようもない」とか、的外れの理解をし、投げやりになるだけで、もっと効果的な方法があることに気づかれないようです。もちろん、意味のある努力をしよう

もありません。押せば開くドアを引っ張って「開かない、開かない」と言っているようなもので、大変もったいないないですね。物事が動く仕組みを少し考えてみれば、「仕込み・仕切り・仕上げ」がいかに的を射ているかがわかりやすいのではと思います。

また、こういうやり方をしていると、結果がともなわない場合も、「やることはやった、これでだめならしようがない。次行こ、次！」とすっきりあきらめて切り替えることができます。そうすれば、大してストレスなく前に進められ、結果としていつの間にか、やりたいことができるようになります。仕事でもプライベートでも、物事が進むようになり、充実した楽しい毎日を送れるようになります。

*　*　*

本書を読まれた感想、質問をぜひ私あて（akaba@b-t-partners.com）にお送りください。すぐにお返事させていただきます。新しい話し方、物事の進め方に本気で取り組んでみたい方、やってみたものの思うようにできなかった方、遠慮なくご相談ください。

どういう状況でどういうことをしてみて、結果がどうだったのか、どこはうまくいって、どこは多分うまくいかなかったか、なるべく詳しく書いていただけると、より的確な返信ができます。

物事を動かすように話すのは、実はそこまでむずかしいことではありません。読者のコミュニティをFacebookグループ上で作っています。『マッキンゼー式　人を動かす話し方』で検索していただければすぐに見つかります。

活発な議論をしていますので、ぜひご参加ください。

また、「『ゼロ秒思考』赤羽雄二のオンラインサロン」ではさらに、ダイナミックにこの課題に取り組んで、多くの事例研究も進めています。

素晴らしいノウハウと仲間を得て、刺激的に進めていきたい方はご覧ください。

（https://community.camp-fire.jp/projects/view/318299）

付録❶

もやもやをなくし自分を客観視する『ゼロ秒思考』のA4メモ書き方法

相手の賛同を得て物事を進めるためには、ビジョンを説明し、納得していただくことが必要です。そのためには、頭が整理されていて、相手の立場でのわかりやすい説明ができ、質問にもたちどころに答えて疑問を解消できることが鍵になります。

2013年出版の『ゼロ秒思考』でご紹介したA4メモ書きは、まさにこれを実現する方法です。これまで数十万人の方がA4メモ書きを試し、大きな効果を実感されています。

やり方は簡単です。

A4用紙を横置きにし、左上に浮かんだテーマ、右上に日付、本文は4〜6行、それぞれ20〜30字ずつ書くだけです。ここまでは普通のメモとあまり変わっていませんが、これを頑張って、1ページ1分で書くこと、毎日10〜20ページ、頭に浮かんだときに書くことが、最大のポイントです。

それにより、相手にはどういう利害関係があるのか、どう説明すればその気になってくれそうかなどが目の前の紙に書かれていきます。目で見ることで、それが何であるか、はっきりと認識され、進むべき方向性が見えます。

しかも毎日10〜20分しかかかりません。まとめてではなく、何か思いついたときに、さっと書きますので全く負担にもなりません。

課題が明確になると、私たちの頭、心は不思議なほど、それを解決しようという考えにいたります。ヒトは、そのように前向きに生きることができるように進化してきたようです。

Ａ４メモに書く、という行動を別の視点から見ると、頭の中身を全部目の前に書く、ということです。もやもやとした気持ちを言語化するとも言えます。それを繰り返していると、もやっとした瞬間に整理し、どう行動すべきかまで目に浮かぶようになります。

究極の姿として、瞬時に、つまりゼロ秒で考えることができるようになります。それが『ゼロ秒思考』という題名のいわれです。

もやもやとは少し違いますが、物事をうまく進めるためには、常に自分を客観視する必要があります。自分がどのくらい自己中心的なのか、どのくらい人に共感できるのかなども理解しておく必要があります。『ゼロ秒思考』Ａ４メモ書きは、こういうことに関しても、短時間で明らかにしてくれます。特に「多面的に書く」と、自分でもうまく見えない、他人にもうまく伝わらない心の中をかなり客観視できるようになるので、人としての成長がかなり加速されます。

付録❷

相手の状況、心情を理解し、信頼されるアクティブリスニング

人に会ったとき、相手の話を丁寧に聞く姿勢がとても重要です。相手の話をきちんと聞かなければ、相手が何を求めているのか、何が問題なのか、どうすべきかわかりません。ところが、多くの人は、そもそも相手の話を全く聞かずに勝手に進めたり、話の腰を折ったり、丁寧に聞かなかったりしがちです。また、聞いたとしても、ただ聞くだけで、確認や深掘りのための質問をあまりしないようです。

アクティブリスニングとは、「真剣に相手の話を聞く」ことです。相づちを打ちながら、相手の目を見ながら、本気で関心を持って話を聞きます。他のことを考えていたり、早く終わらないかななどと思っていたりするの

は論外です。

効果的なアクティブリスニングをするには、２つのポイントがあります。

第１に、真剣に聞き、話し手の言わんとしていることの１００％理解を目指します。おとなしく座ってただ聞く、というのとは違い、話し手に集中して、発する言葉を完全に追います。日本語ならそれほどむずかしいことではありませんが、一言一言に注意して、すべて書き留められるくらい集中して聞くことがポイントです。一言も漏らさず聞こうとする迫力が相手によい印象を与えますし、その真剣さの中から自然に質問したいこと、確認したいことが生まれてきます。ぼ～っとして聞くのとは、理解の深さも話し手との関係も違ってきます。

第２に、しっかりと聞き、書き留めながら、よくわからないところ、もっと深く知りたいところが出てきたら、あまり遠慮なく質問することです。「質問しすぎ」はよくありませんが、質問せずに理解不足のままいることのほうが、もっと問題です。

質問が重要な理由が、もう1つあります。最初からまとまって過不足なく話せる人は、ほとんどいません。言葉が足りなかったり、表現がややあいまいだったりしていることのほうが、多いと思います。そうすると、こちらも深くは理解できませんし、そもそも話し手が話すべきことを話してくれていない、という状況です。聞かなければ、本当に大切なことに触れてくれないことも多くあります。本人が気づいていないことや、うっかりそこまで話さなかった、ということですね。無意識にそこには触れないでおこう、ということも結構あります。

その点に過剰に遠慮することなく、ただ、決して図々しくはなく、丁寧に、誠実に質問することで、話し手本人にも多くの気づきが生まれることがあります。「いろいろ聞いてくれて、本当にありがとう。忘れていたことを思い出しました」とか、「そういえば、こういうこともありました」とか、「改めて考えてみると、こういうことですね」などとなります。

こういった素晴らしい効果を持つアクティブリスニングですが、実はそこまで簡単ではありません。話す相手、トピックに関して関心を持たなければ、きちんと聞くことができないからです。

聞いたふりは、もちろんできます。真剣な顔をして聞き入り、しかもときどきうなずいていれば、頭の中で他のことを考えていてもばれないだろうと思われる方もいらっしゃるでしょう。ただ、人の感覚は鋭いので、そのようなふりをしても、相手には伝わってしまいます。本気で聞いていないことが、相手にはわかってしまいます。ごまかすために質問をしたとしても、質問に心がこもっていません。きちんと理解したい、深く知りたいという迫力もありません。

では、どうしたらいいのでしょうか。

答えは1つしかありません。**それは、相手に対して関心を持って接する**

のです。関心を持って接していれば、相手への本気度が伝わります。こちらも本当に深く理解したいと思えば、的確な質問もどんどん出てきます。こういう場合はどうか、自分はどうすべきか、というふうに一歩進んだ質問も出てきます。そうして初めて、話している方にこちらの気持ちが伝わり、さらに元気を得て話をしてくれることになるのです。

こうやってアクティブリスニングを徹底すると、相手を肯定して話を聞くことが自然体でできるようになるので、実は自分が大きく変化できる上、味方を増やすことにもつながるのです。相手の話を引き出せたという自信、相手が喜んでくれたという手応え、他では聞けない話を聞けたことでの知恵、話をしっかり聞いてくれた人を好きになり、応援したくなるという人の気持ちが、実は私たちの変化を大きく後押ししてくれるのです。

《もっと詳しく知りたい人へのブックガイド①》

●Ａ４メモ書きについて→『ゼロ秒思考』（ダイヤモンド社刊）

●アクティブリスニングについて→
『自己満足ではない「徹底的に聞く」技術』（日本実業出版社刊）

●的確に発言する→
『瞬時に切り返す会話術』（エムディエヌコーポレーション刊）

《もっと詳しく知りたい人へのブックガイド②》

●仕事・思考のスピードを上げる→
『速さは全てを解決する『ゼロ秒思考』の仕事術』
『ゼロ秒思考［行動編］即断即決、即実行のトレーニング』（ダイヤモンド社刊）

●リーダーシップを発揮したい→
『マンガでわかる！ マッキンゼー式リーダー論』（宝島社刊）
『世界基準の上司』（KADOKAWA刊）

●スキルの全体像を理解する→『入社3年塾』（三笠書房刊）

【著者略歴】
赤羽 雄二（あかば ゆうじ）
ブレークスルーパートナーズ株式会社 マネージングディレクター
東京大学工学部を卒業後、コマツで超大型ダンプトラックの設計・開発に携わる。
スタンフォード大学大学院に留学し、機械工学修士、修士上級課程を修了後、マッキンゼーに入社。経営戦略の立案と実行支援、新組織の設計と導入、マーケティング、新事業立ち上げなど多数のプロジェクトをリード。マッキンゼーソウルオフィスをゼロから立ち上げ、120名強に成長させる原動力となるとともに、韓国LGグループの世界的な躍進を支えた。マッキンゼーで14年勤務した後、「日本発の世界的ベンチャー」を1社でも多く生み出すことを使命として、ブレークスルーパートナーズ株式会社を共同創業。企業の経営改革、人材育成、新事業創出、ベンチャー共同創業・経営支援に積極的に取り組んでいる。
著書に『ゼロ秒思考』『速さは全てを解決する』（以上、ダイヤモンド社）、『マンガでわかる！マッキンゼー式ロジカルシンキング』（宝島社）など23冊がある。

書籍：https://b-t-partners.com/book
講演：https://b-t-partners.com/event
オンラインサロン：https://community.camp-fire.jp/projects/view/318299

マッキンゼー式 人《ひと》を動《うご》かす話《はな》し方《かた》

2021年 7月21日 初版発行

発行 **株式会社クロスメディア・パブリッシング**
発行者 小早川幸一郎
〒151-0051 東京都渋谷区千駄ヶ谷4-20-3 東栄神宮外苑ビル
https://www.cm-publishing.co.jp
■本の内容に関するお問い合わせ先 ……………… TEL (03)5413-3140 ／ FAX (03)5413-3141

発売 **株式会社インプレス**
〒101-0051 東京都千代田区神田神保町一丁目105番地
■乱丁本・落丁本などのお問い合わせ先 ……………… TEL (03)6837-5016 ／ FAX (03)6837-5023
service@impress.co.jp
(受付時間 10:00～12:00、13:00～17:00 土日・祝日を除く)
※古書店で購入されたものについてはお取り替えできません
■書店／販売店のご注文窓口
株式会社インプレス 受注センター ……………… TEL (048)449-8040 ／ FAX (048)449-8041
株式会社インプレス 出版営業部 ……………… TEL (03)6837-4635

カバー・本文デザイン 金澤浩二
DTP 内山瑠希乃
図版作成 長田周平
印刷 株式会社文昇堂／中央精版印刷株式会社
製本 誠製本株式会社
ISBN 978-4-295-40578-8 C2034